ラクしてゴールへ!

理系的アタマの使い方

鎌田浩毅

PHP文庫

○本表紙図柄＝ロゼッタ・ストーン（大英博物館蔵）
○本表紙デザイン＋紋章＝上田晃郷

はじめに

「理系」という言葉に、文系のみなさんはどのようなイメージを抱かれるだろうか。

論理的で、数字に強く、時に冷たい。そんな印象をもつ方が多いように思う。

しかしそれは、一面的な印象にすぎない。とくに「冷たい」には、強く異を唱えたい。理系の人間はたしかに論理を駆使するが、心を欠いてはいない。

なぜなら、理系的思考はつねに、「最良のゴール」を真っ先に考えるからだ。そこには、満足感や達成感をめざす動機がある。あえて文系的な言いかたをするなら、「幸福な結果を前向きにめざす思考」といえるだろう。

企業社会ではかつて、〝文系はライン、理系はスタッフ〟と考えられていた。

もっと極端にいえば、〝文系はいずれ経営幹部、理系はどこまでいっても技術屋〟ということである。

ところが、この法則が最近では崩れはじめている。メガバンクをはじめとして企業のトップに理系出身者がふえてきたからだ。

不況が長引き企業が即戦力を求めるなか、論理的な思考法に慣れ親しんだ理系学生の就職レースは文系よりも有利である、という通説ができあがるまでになった。

では、なぜいまの社会は、理系を必要としているのだろうか？

そのキーワードは「アウトプット優先主義」である。最終生産物から逆算して、途中にあるすべてのプロセスを決定するという考えかただ。

そのプロセスもできるかぎりストレスなく、最短でアウトプットに到達できるように構築する。

つまり「ラクしてゴールに行こう！」——これが、理系的アタマの使いかたなのだ。この思考法は、いまの時代にこそ必要だと私は考える。

本書は、二〇〇六年に出版した『ラクして成果が上がる理系的仕事術』をべースに、現代の状況にあわせて大幅に加筆・修正を行ったものである。

当時も、理系人材が企業トップになる例が急増するなど、理系が注目された時期ではあった。しかし現在はより切迫感をもって、理系的思考を「生きる知恵」となすべき時代となっている。

新型コロナで変わった世界を生き延びる

二〇二〇年のコロナ禍によって、私たちはみな、多かれ少なかれ不安にさらされた。行動は制限され、経済は大打撃を受けた。先行き不透明な感覚をだれもが抱き、それはいま現在も続いている。

だからこそ一人ひとりが、「自分はどうありたいか・どうなりたいか」というゴールを明確にし、そこまでの具体的、効率的プロセスを組む知恵をもつべきなのだ。

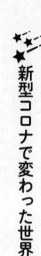

ここで「知恵」といったが、本書の内容自体は、日常的なノウハウに近いものである。資料の整理法、時間の使いかた、作業の第一歩を踏み出せないときのコツ、アイデア出しや表現法などなど。

しかしそれらに例外なく通底しているのは、理系のアウトプット優先主義だ。

全体の構成は三部からなり、

①理系的システムの整備と情報の収集
②クリエイティブな情報整理と発想法
③理系的なアウトプットの実行と将来への準備

が語られる。

さらに各部は三章で構成され、各章はそれぞれ三節からなる。そのなかで、合計一六個の「〇〇法」と名づけられた理系的テクニックを紹介しようと思う（巻末に一覧表を載せた）。大まかな方法論ではなく、合理的な理屈に基づく定量的な手法なのである。

そして、何よりも本書がめざすのは、漠然と学んだり教養を積んだりというのではなく、はっきりしたかたちをもった「知価」の高いものを生み出すことにある。

なお本書の二〇二一年版では、「デジタルとのつきあいかた」についても語りたい。正確にいうと、デジタルツールが氾濫するなかでの、アナログの意義を強く伝えたいのだ。

この十年で、デジタル化の波は生活の隅々にまでおよんだ。スマートフォン（以下、スマホ）の普及はいうにおよばず、仕事場ではペーパーレス化が進み、ここ一年にはテレワークという新しい働きかたも浸透した。

人びとはそれらを大いに活用しているようでいて、実際は「流されて」いるように思えてならない。次々と現れるツールに振りまわされ、新しいスキルを身につけなければとあくせくしているからだ。

実際、それはきわめてストレスフルであるばかりか、アウトプットの質も落とす。そこでアナログの重要性をいま一度認識し、そのうえでどこまでデジタルを取り入れるか。その判断力を現代人は早急に備えるべきなのである。

本書の主要メッセージの一つに「デジタルとの賢いつきあいかたと逃げかた」があるが、そのポイントは「新しいツールに溺《おぼ》れない」である。そこにこそ、アタマの善し悪しの差が出るのではないだろうか。

そう、理系的アタマの使いかたとは、やはり「生きる知恵」なのだ。私が本書で究極的に伝えたいのもその点である。整理術を語る向こうに、要不要を見極める知恵がある。そして情報収集術の先に、無意識のなかに埋もれた自分を発見する知恵がある。

これから本編をひもとき、一六個のテクニックを読み進めるとき、ぜひそこを意識していただきたい。

みなさんが、仕事の能率アップのみならず、衣食住や趣味、人とのつながり――人生全体の充実につながる扉を開いてくださることを、願ってやまない。

鎌田浩毅

目次――ラクしてゴールへ！ 理系的アタマの使い方

第2章　仕事まわりが、意外に大事

第3章 ほんとうに必要な情報だけを得る

第Ⅱ部 アイデアが無理なく出るには——クリエイティブは断捨離から

第4章 無駄だらけのデータをやっつける

第5章

発想術には「魔法」がある

第6章 発想を有効なメッセージへと変える

第Ⅲ部　いよいよ書き出す！

第7章　とにかくラクに書きはじめる技術

第9章 未来の自分をプロデュースする

おわりに

第I部

コロナ時代のアタマの準備術

第1章

古いアタマは、まず捨てる

私の講義はいつもファッションから始まる。「おもしろくてタメになる」授業が成立するには、まず教授に興味をもってもらわなければならない。まず、古いアタマは、切り替えよう。

1 知的活動って何だ!?

ラベル法 とにかく、区別しよう

世の中には、膨大な資料に埋もれてあえいでいる人がたくさんいる。何を隠そう、私もかつてはその一員だったが、あるときから劇的に変わった。いまの仕事の目的を先行させせることによって、状況は一変したのである。

たとえば、企画書を出さなければならないが、準備はできているのに一行目がなかなか書き出せない人がいる。締め切りが近づいているのは知っているが、どうにもキーボードを打てない。アタマが自分の思うように働かないのである。

こうした作業は、いわば「知的生産」である。そうした仕事にかかわるすべての人にとって、能率を一気に上げてラクに生産できるようになることは、大きな望みだ。

私も大学卒業以来、四十年以上も地球科学者として活動するさいに、人一倍の苦労をしてきた。いや、人の一〇倍くらい無駄な試行錯誤を続けてきたといっても過言ではない。

その結果として、さまざまなテクニックを身につけてきた。人は苦労すればするほど、得るものは尊い。その最初に紹介したいのが、理系的アタマの使いかたなのである。

だが、その前に「古いアタマは、まず捨てる」必要がある。つまり古いアタマとは、仕事を始める前に「あれこれ考えはじめる」というアタマである。私もそうだったが、クヨクヨ考えているうちに何時間も無駄に過ごしてきてしまったということがあった。

よって、まず考えることを停止して、アタマをまっさらにして以下の話を読んでいただきたい。

理系的アタマの使いかたとは、ひと言でいうと「アウトプット優先主義」である。最初にゴールを定め、それを実現するプロセスを効率的に、時間と労力を最小限に抑えつつ進めてゆく思考法である。

なんだそんなこと、と思われるかもしれないが、意外にこれがむずかしい。じつは「知的生産」のキモともいえるので、最初にこの言葉の意味を明確にしておこう。それには、知的生産と対置される概念、「知的消費」との違いを説明する必要がある。

知的生産を効率よく行う

知的生産とは、レポート、企画書、論文、書籍など、文章の集積ができあがることをいう。

それに対して知的消費とは、本を濫読する、将棋を指す、教養ある会話をするなど、知的な活動ではあるが直接生産に結びつかない活動をいう。パソコンのネットサーフィンなどは現代の知的消費の最たるものであろう。

知的消費のなかでは教養を積むことが大きなウエイトを占めており、人生を豊かにしてくれる。しかしこれに過度に陥《おちい》ると、知的アウトプットから遠ざかってしまうという弊害も生まれるのだ。

乱暴にいえば、理系が得意なのが知的生産、文系が得意なのが知的消費と考えてもいいだろう。期限が決められているなかで、知的生産を効率よく行う考えかたと方法を身につけることが、本書のめざすところである。

知的生産と知的消費をきちんと分けることが、世の中に受け入れられるようになったきっかけをつくったのは、民族学者の梅棹《うめさお》忠夫（一九二〇～二〇一〇）である。彼が知的生産とは何かについて、はじめて書いたのだ。

> 人間の知的活動には、いろいろなものがあって、知的活動をしたからといって、かならずしも情報生産するとはかぎらない。なかには、まったく消費的な性質のものもすくなくない。たとえば、マージャンや将棋をたのしむのは、一種の知的消費である。（略）
>
> （梅棹忠夫『知的生産の技術』岩波新書、一〇ページ）

彼は、知的消費が悪いといっているのではなく、知的生産とはっきり区別するところから「情報生産」の意味が明確になると説いている。まさに炯眼《けいがん》といってよい。

このように、〝まず物事を区別する〟という行動自体が、じつは理系的なアタマの動きなのである。この行動からして、アウトプット優先主義が始まっている。**最初に〝知的生産〟と〝知的消費〟という二枚のラベルを貼ってから物事を考えはじめる**のだ。

どのような行動をしているときにも、現在していることは〝知的生産〟なのか、〝知的消費〟なのかと二者択一で自分に問う。仮に両方の性質がある場合でも、パーセンテージの高い割合でどちらか一方に決めてしまうのだ。

このような作業を、本書では「ラベル法」と名づける。自分の行動を外から眺めて、とりあえずラベルを貼ってしまうのである。

私のような科学者は、何でも簡単にラベル化してしまう性癖がある。とりあえずラベルを貼ってから〝知的生産〟の時間に切り替える。そこからアウトプット優先主義が動き出すのである。

勉強が「壮大な無駄」になる⁉

梅棹忠夫の『知的生産の技術』(岩波新書)は一九六九年に出版され、ベストセラーとなった。私が中学二年のときに、一年先輩から、よい本があるとすすめてもらった本である。はじめて新書を最後まで読み通し、知的なショックを受

け た覚えがある。知的活動に二つの要素があるなどとは、考えもしなかったからだ。

さて、知的消費に関して、英語学者の渡部昇一（一九三〇～二〇一七）はこう述べている。

知的生活を志すような人は、はじめっから時間を無駄にすることに無頓着ではない。だから時間をいかにも無駄に使っているように思われるぶんには大した問題にはならない。たとえば、友達と一晩飲んだとか、ヘボ将棋をしたとかいうのは、まったく無駄な時間のようであるが、気晴しや気分転換にもなっているので、大したことはない。危険なのはまさに勉強なのだ。

たとえば、ギリシア語かラテン語の勉強をしたとする。（中略）マスターするにはほとんど半生を要する（中略）と言ってよいのである。だからラテン語やギリシア語の原典を読もうとして辞書など引いている人は、膨大な時間を毎日無駄にしていることになる。(中略)こういうのが、もっとも危険だということになる。

(渡部昇一『知的生活の方法』講談社現代新書、一六〇ページ)

この本は一九七六年に出版され、先の梅棹の本と同じようにベストセラーとなった。

私は大学生になってからこれを読んで、ひどく感動した。両者は岩波新書と講談社現代新書という二大教養新書を代表する看板本となり、現在でも読み継がれるロングセラーとなっている。

知的消費はプロセスを楽しむのが目的だから、どこで終わってもよい。途中が十分におもしろければ、最後までいかなくてもよいという面がある。

しかし知的生産では、最終的になんらかの成果が得られることを目標にしているので、プロセスだけ充実していればよいとはいかないのだ。

不完全法 「完璧主義」はお払い箱に

渡部昇一が引用するイギリスの作家フィリップ・ギルバート・ハマトン（一八三四～一八九四）は、名著『知的生活』のなかでこう語っている。

（略）自分が現在打ち込んでいるさまざまな研究のリストを作り、そのおのおのについてできるだけ正直にその不完全さの度合を書きつけるとよいと思います。（中略）そして、ものになりそうな研究がはっきり決まれば、あとの研究はすべて断念することによって、ただちに時間節約の実を大いにあげることができます。（略）

（ハマトン『知的生活』渡部昇一・下谷和幸訳、講談社学術文庫、一八八ページ）

ここで大切なキーワードは、〝不完全〟と〝断念〟である。不完全を許容するとは、目的達成のためにはやりかけの仕事であっても捨てる、ということである。完璧主義から逃れること、といってもよい。

じつは、完璧主義とは自己満足の世界なのだ。もっとよくしようと思って必要以上のデータを集めたり思索したりすることにより、自分は満足し安心する。しかし同時に、来《きた》るべきアウトプットからは、だんだん遠ざかってゆくのである。いったん完璧主義に陥ると、それに気づかなくなってしまう。

そこで、知的生産のもっとも早道である〝不完全〟であることを許容し、切り捨てられた内容は思い切って〝断念〟するのだ。ここが、知的消費と知的生産を分ける最大のポイントなのである。

ここでは、この考えかたを「不完全法」と呼んでみよう。じつは不完全主義こそが、効率よくラクな知的生産を行うための方程式なのである。「ラベル法」と「不完全法」はきわめて理系的であり、のちの章でもしばしば登場する。両者は本書を貫く重要なメッセージといってもよいだろう。

2 仕事の「枠組み」が何より大事

枠組み法　完成を最初にイメージする!?

知的生産を行おうとする前に、たくさんの資料や情報を集める人がいる。この結果、必要以上に集めて、使いもしない大量の情報を溜《た》め込んでしまったことはないだろうか。日本人に多いインプット偏重主義である。

無駄を省き効率的に生産するためには、最初に仕事全体の構造を把握する必要がある。

どこが不足していて何を埋めれば完成に近づくのかを、直観的に判断する。これがそして、これからすべき仕事全体の枠組みを、先に与えてしまうのだ。

本書で説く「枠組み法」である。

「枠組み法」とは、理系人のよく使う、いわば〝構造主義〟といってもよい。

私の場合、早い時期にできあがりの枠組みをイメージし、アウトプットのテーマを見定めて、書く前に全体の構造を決めてしまうのだ。その後、いま欠けている情報だけ、優先的に拾い集めて内容を練り上げる。

データをせっせと集積しても、アウトプットにつながらなければ意味がない。すべての情報を集めてから書き出すという方法では、使わない無駄が多く生み出される。あらゆる準備を手にしてからアウトプットにとりかかろうとするのは、たぶんに文系的だろう。

この手法は、時間に追われることなく仕事をしたり、じっくりと教養を高めたりするにはよいのだが、生産効率を上げるには得策でない。当面の課題となっているアウトプットを睨《にら》みながら、枠組みのなかの不足部分だけを手当てする――これが効率的な手法なのである。そのために、全体構造を把握する「枠組み法」をまず身につける必要がある。

概して理系の科学者は、短い論文を書く。何か新しいアイデアを実証しようとして、実験してみる。その結果を記述して、最後に考察を加える。

このような数ページの論文を書くときに、研究者はどうしているのだろうか？

アウトプット優先主義の科学者は、じつは実験する前にあらかじめ論文を書いてしまう。たいていの自然科学の実験では、先人がすでに同じようなことをやっている。

前に実験を行った人は、その手法やデータ、考察を論文に書いて残してくれている。その構図をそっくりもらって、とにかく自分の論文を書いてみるのである。

実験結果の数字の箇所だけを空欄にしておき、「まえがき」から「あとがき」、さらには謝辞の文章まで、書けるところは全部先に書いてしまうのだ。そして、自分がやった実験で得られた数字を最後に埋めて、完成させるのである。論文を書いたことのない人は驚くかもしれない。

これはまさに「枠組み法」そのものといってよいだろう。こうすると、多くの論文が速くできあがり、アウトプットを量産することが可能となる。現代の有能な科学者たちは、オリジナルの論文を書くだけでなく、こうして論文生産効率を上げているのだ。

「これなら書ける」を探す

「枠組み法」の例として、次に一冊の本を書く場合を考えてみよう。

たとえば本書のような文庫本を一冊書くといっても、四〇〇字詰め原稿用紙で四〇〇枚くらいの枚数がいる。これだけの量を書かなければならないときに、書くことに慣れていないと、実際のところ何年もかかってしまうことさえある。じつはかつての私もそうだった。

私の最初の本は、依頼を受けてからなんと四年もかかった。編集者と相談して企画を立ててからが、じつに長かった。書き出しがうまくいかないのである。そんなこんなで、あっというまに一年が過ぎ、気づいたらさらに執筆開始まで三年が経過していた。そのうちに担当編集者が交代することになり、引き継ぎの編集者を連れて挨拶にやってきた。

この新しい編集者は、「企画書のなかの書きやすい章から書いて送ってください」と私に言う。原稿が全部できてから送るのではなく、できたところから小刻みに送ってほしいとの指示である。これが長い長い停滞から抜け出す、大きなきっかけとなった。

できるところから書きはじめる、これが最大のコツである。いちばん簡単に書き出せる枠から埋めてしまうのだ。「枠組み法」を活用してから、私の書く速度は格段に速くなった。

書きはじめるコツについて、先の渡部昇一はこのように述べている。

(略)私は、卒論や修論の指導にあたって、よく学生にこういう。

「ある程度調べたら、ともかく書きはじめたほうがよいですよ。調べるのはいくら調べても論文になるわけではない」と。

このことはカール・ヒルティも「仕事をする術」の中でよくのべていたことである。(中略)今また、あらためて読み返してみると――何度目のことだろう――そこには、私の観察として述べてきたことが、そっくりそのまま、簡潔・明快な言葉で述べられている。

(渡部昇一『続 知的生活の方法』講談社現代新書、八七ページ)

では、彼に倣《なら》って、カール・ヒルティ(一八三三〜一九〇九)の本を開いてみよう。第二次世界大戦前から岩波文庫に入っている定番教養書の一つである。

まず何よりも肝心なのは、思いきってやり始めることである。(中略)一度ペンをとって最初の一線を引くか、(中略)それでもう事柄はずっと容易になっているのである。ところが、ある人たちは、始めるのにいつも何かが足りなくて、ただ準備ばかりして（そのうしろには彼等の怠惰《たいだ》が隠れているのだが）、なかなか仕事にかからない。（略）

（ヒルティ『幸福論』第一部、草間平作訳、岩波文庫、二四ページ）

なかなか耳の痛い話である。ヒルティはスイスの哲学者で、大学の学長にもなった人だ。彼の『幸福論』は、旧制高校でドイツ語の読本としてよく用いられていた本である。戦前のエリートの教養の源泉ともなったような本で、いま読んでもタメになることがたくさん書いてある（拙著『座右の古典』ちくま文庫を参照）。

そして、経済学者の野口悠紀雄（一九四〇〜）は、こう述べている。

（略）「書き始める」のは大変難しい。では、始めるためには、どうしたらよいか。（中略）

この点で、パソコンは絶大な力を発揮する。パソコンなら、いくらでも書き直しができるため、気楽に始められるからだ。「とりあえず」始めることができる。パソコンのスイッチをいれ、テーマについて思いつくことを、何でもよいから書きとめてみよう。（中略）プランなどなくても、とにかく書き始めることができる。書いてみて、あとで直せばよい。

（野口悠紀雄『「超」文章法』中公新書、二三三ページ）

野口悠紀雄は〝「超」整理法シリーズ〟の生みの親である。東京大学工学部出身の元大蔵（財務）官僚の彼は、優秀なテクノクラートの技術を披瀝《ひれき》する本をたくさん書いている。理系的アタマの威力を日本じゅうに知らしめた元祖といってもよい。ちなみに「超」と銘打った知的作法のシリーズは、ミリオンセラーにもなっている。

これでおわかりになったことと思う。〝まず書きはじめよう〟というのが、渡部昇一、ヒルティ、野口悠紀雄という優れた仕事師たちが共通して伝える知恵なのである。

★★★「書き散らし」ながら、書く

「枠組み法」がなぜ効率よい知的生産を可能にさせるかというと、タイムシェアリングというシステムを使っているからである。

文字どおり〝時間を区分して共有する〟ことを意味し、たくさんの人が大型コンピュータを使用する場合に、次から次へと時間を区切りながらシェアしあうことを指す。

知的生産でのタイムシェアリングも同様にして、時間を短く区切ってアタマを使うのである。人間の頭脳はコンピュータをはるかにしのぐ能力をもっているので、もっと有効なタイムシェアリングができるはずだ。

たとえば、文章を書きはじめると、必ずといってよいほど行き詰まることが

ある。文章が出てこなくなったり、内容がうまくつながらなかったりする。こういうときには、いったんいまの作業を休む手もあるが、むしろ別の仕事にとりかかることで、アタマが活性化することがしばしばある。

一つのコツは、何本かのテーマを並行して書くということである。一つのテーマを最後まで書き上げなければ次にとりかかれない、ということはまずない。完璧主義は、決して賢い選択ではないのだ。行き詰まらないための方策を事前に用意しておくことは、とても大切である。

まず、書く内容のテーマをはっきりと認識する。そしてテーマごとに、あらかじめ「箱」をつくっておく。

私自身、この本を書くために、「ラベル法」「不完全法」「枠組み法」「その他」などという箱をつくって、少しずつ書き溜めた原稿をどんどん放り込んでいった。これらの箱の置き場所を、前もって準備しておくのだ。

さて、梅棹忠夫はモノの置き場所の整理について、こう述べている。

（略）整理を実現するためには、いくつかの原則があるようにおもう。第一に重要なのは、それぞれのものの「あり場所」が決定されている、ということだとおもう。

あり場所が、そのときどきにかわるのでは、どうしようもない。別ないいかたをすれば、整理の第一原則は、ものの「おき場所」をきめる、ということである。

（梅棹忠夫『知的生産の技術』岩波新書、八一ページ）

実際にものを書く場合で考えてみよう。どんなテーマでもよいから、最初に思いついた一つの内容で一〇〇〇字くらいの文章を書くとする。

書くといっても、最後まで話が完結している必要はない。アイデアだけ書き込んでおいたりするだけのものでもよい。ひどいものになると、キーワードが一語書いてあるだけ。でも、それで十分なのである。

大事なのは、「思いつき、発想」だからだ。そして、それを書きとどめておくことに価値がある。梅棹の説くように、アイデアの置き場所を用意するのである。

もしメモにしなければ、思いつきはあっというまに「蒸発」してしまう。そんなことを考えたことすら忘れてしまう。これではもったいないというわけで、私はひとまず三つの箱をつくったのである。

ここでもう一つ、「その他」という箱をつくったのが、もっとも大事なポイントなのだ。「その他」がないと、個々の方法に分類できないアイデアの行き場がなくなってしまう。なお、そのさいに仕分けにクダクダしく悩むと、せっかく働いているアタマがストップしてしまう。

どんなアタマでも動いているうちが華《はな》なのだから、動きをとめてはいけない。動きをとめない工夫が、「その他」という箱の存在である。

迷いかけたら、すぐ「ここ」に入れておこう。そして、あとから楽しくアイデアを追ってゆけばよい。

3 最終目標は何だった⁉

割り算法 ゼッタイに脱落しないぞ

知的生産では最初に確認すべきことがある。それは、アウトプットの目標と全体の持ち時間である。何をいつまでに達成しようとしているのかを、具体的にはっきりとさせるのだ。

次に、取り扱うテーマ（メインテーマ）を決定し、伝えたいメッセージ（新知見やオリジナルな考えかた）を一つにしぼる。その後、テーマとメッセージが確定したら、取り扱えるデータの範囲を知り、これらにアクセスする準備を始める。

いちばんはじめに行っていることは、最後のアウトプットを先にイメージすること。このような目標達成に向けて、理系人はあるノウハウをもっている。

最初にアウトプットの見当をつけ、その予定量を締め切り日までの持ち時間で割り算する。たとえば、一日に原稿用紙で何枚書けばよいのか、そのためには一時間にどれだけ作業すればよいのかの見積もりを立てる。ここでは、この方法を「割り算法」と名づけよう。

ちょうど大学受験のさいに、入試が行われる日から逆算して勉強の計画を立てることと似ている。問題集を一日何ページやれば完了するか、みなさんも計算したことがあるだろう。

ここで大事なことは、もし時間が足りないとわかれば、問題集の全問をこなそうとはせずに、一問おきにやって、最後まで終わらせる方法をとることである。場合によっては、二問おきだってよい。

よく失敗する例として、こういうのがある。すべての問題をこなそうとして、結果として三分の一くらいやり残してしまうのだ。

また、割り算をした結果、一日にこなせるページの見積もりが多すぎて、三日くらいで挫折してしまうことがある。これらはいずれも、最終目標を達成できないという点で、得策とはいえない。

肝心なのは、最後まで無理なくやり通せるように、余裕をもってページ数を割りふることである。多少、中身が薄くなってもよいから、最後まで行き着くようなシステムを最初に設定するのがポイントなのだ。

これが、理系的アタマによる最終目標の時間設定法である。

朝、パソコンに向かうな！

次に、やるべき作業をイメージして、具体的に分解する。細かい内容まで書き出してみるのだ。これも「割り算法」の一つのプロセスである。

たとえば、この本をつくる作業を三つに分解して、説明してみよう。

第一に、筆記用具を用意する。ペンと、コピー用紙が五〜六枚あれば十分だ。ここではまだパソコンは使わない。自分の字でランダムに書いてゆくことで、発想が豊かに広がるのだ。

机の上に白紙を広げて、目的やアイデアなどをどんどん書き出してゆく。**文字でも絵でも、頭に浮かんだことを書き散らすのでまったくかまわない。**そのなかで、関連することを線でつないでゆく。

ここにはすでに先人たちの残した方法がある。川喜田二郎（一九二〇〜二〇〇九）の「KJ法」（『発想法』中公新書）、齋藤孝（一九六〇〜）の「マッピング・コミュニケーション」（『ストレス知らずの対話術』PHP新書）などと呼ばれている作業と同じようなことを行うわけだ。

もし作業の途中で関連する本を思い出したら、その本を開いてページ数を用紙に記入しておく。ここでは、思いついたことはなんでも自由に書いてよい。

第二に、思いついたアイデアや本からの引用を、文章化する。

紙の上にキーワードや文章の出だしを書きはじめながら、論旨の構造や全体の流れなどをあれこれと模索する。この段階でもまだパソコンは使わない。

文章はきれいに書く必要はない。箇条書きでも十分である。自分が判読できる程度の書きなぐりでよいのだ。こうしてゆくうちに、文章全体の起承転結が見えてくる。全体の三分の二くらいを文章化してしまえばもう成功である。

そこでいよいよ第三の作業、パソコン上での書き出しに移る。

紙の上に書いたものを、主語、述語のはっきりした文章で入力してゆくのだ。ここで文章相互の関係を考えながら、場所を移動したり書き加えたりもする。これでひとまず粗原稿ができあがる。

大切なことは、はじめからパソコンで入力しないということだ。書く内容が十分に練り上げられていないと、パソコンを前にして行き詰まってしまう。紙の上の作業とパソコン上の作業というように、具体的な行動も分けるのだ。書く内容がスラスラ出てくるようになるまで、入力作業は遅らせてもよい。

第一と第二の作業にたっぷり時間を使うことには、たいへん意味がある。これによって全貌がスッキリと見えてくるからだ。

おしまいまで、とにかく走れ

次にすべきことは、三つに分けた作業に、持ち時間を割りふることである。

ここでは、厳しく時間管理を行って、割りふった時間は最初に自分が決めた仕事だけに集中する。

つまり、ほかの仕事をいっさい入れずに、極端な話、電話にも出ない。人が訪ねてきても会わない。ちょっと冷たいと思うかもしれないが、せっかく働き出したアタマを遮断しない方策である。一つの時間には、一つのことしかしない。決めたことに徹底的に集中するというのが、合理的な時間管理法である。

ここで、いくつか大事なコツを紹介しよう。

まず、いったん決めた枠組みは崩さないことが大切である。システムは変更せずに、小さいところをうまくやりくりしながら、目標達成に向かう。

先の大学受験の問題集の例でいえば、選んだ問題集が厚すぎてとうていこなせないとわかったときでも、問題集は替えない。そのかわりに、問題を飛ばしながら進めることで、最後までやり通す。とりあえず最後まで完了するというのは、何をするうえでも最大の目標となる。

たとえば、テレビの生放送やライブコンサートを考えてみるとよい。多少の失敗があっても、途中でやめてしまうことは許されないではないか。なんとか上手にとりつくろいながら、終了時間まで到達するのが至上命令である。どんな仕事でも本来そうあるべきなのだ。

「とりあえず」という言葉は本書にたびたび登場するが、それはきわめて理系的アタマの戦略なのである。

さて、コツの二番目は、このとりつくろいに関するテクニックである。

たとえば、ある章や節がうまく書けなかったら、そこに拘泥《こうでい》しない。ラクに書ける箇所から書きはじめるのだ。少しでも仕事が進んでいれば、精神的にも負担がかからない。

例として、ジグソーパズルを思い浮かべてみよう。隅から順番に埋めてゆく人はいない。うまくピースが合うところから、だれでも埋めてゆくではないか。最終的に全部が埋まればよいのであって、どこから埋めてもかまわないのだ。

これと同様に、全体を見渡して、くらべてみて、書きやすいところから完成させるのが、上手な方法である。

コツの三番目は、いったん開始したら、区切りのよいところまで一気に進めてしまう、ということである。たとえば、ある節を書きはじめたら、その節が終わるまで書き上げる。

どんなに不十分でも、節の最後まで書くのだ。あるテーマでアタマが働き出したら、その内容をパソコン上に文章として定着させてしまうまで、作業を中断しない。おしまいまでとにかく走りきる、というのが理系的アタマの作業管理の要諦《ようてい》なのである。「とにかく」という言葉も、アウトプットを実現するキーワードといえよう。

第2章

仕事まわりが、意外に大事

京都麩屋町《ふやちょう》にある俵屋旅館の玄関先風景。老舗の一流料理はその手順を理系的に分割することから始まる。ここのシステムには無駄がない。

1 断捨離は机の上にこそ必要

一望法　すべてを見渡せるかどうか

知的生産のために、この章で周囲の環境を整備することを述べる。時間の使いかたなどのソフト面の準備と、作業場の確保や文具の用意など、ハード面の準備について、考察してみよう。

ここ数年で、「職場」の概念は大きく変わった。座席を固定しないフリーアドレス制のオフィスや、カフェなどで仕事をするノマドワーカーがふえ、職場は移動可能になった。そして何より、テレワークの浸透があげられる。自宅で仕事をする人はこの一年で急増した。

この変化を可能にしたのは、いうまでもなくデジタル化だ。パソコンやスマホがあれば、どこでも仕事ができる。じつに便利だと多くの人は思うだろう。

だがここに、問題がある。手元の画面一つですべての作業ができるのはメリットだと思われがちだが、「過剰なペーパーレス化」はともすれば作業効率を下げる。

書面を画面に出してスクロールしながら見ていると、把握の精度も速度も落ちる。企画書や工程表などは、少なくとも一部はプリントアウトすべきだ。紙で確認すればスムーズに頭に入るうえに、思いつくままに書き込むこともできる。そして何より大きいのは、目に見えるファイルがあることで稼働中の案件がひと目でわかることだ。

整理のシステムづくりにおける最大のキーワードは〝すべてを一望できること〟である。ここでは「一望法」と呼んでおこう。

私はつねに、Ａ４サイズのクリアフォルダーを使用している。五〇枚ほど常備していて、つねに二〇〇枚以上が稼働している状態だ。

クリアフォルダーは無色透明が大部分だが、色のついたものも少しある。赤、青、オレンジなど一〇色ほどの色違いのクリアフォルダーを、各五枚ほど用意している。これらを使いながら、引き出しや本棚の中身、机の上を、アドホック（一時的）に整理してゆくのだ。

クリアフォルダーの特徴は、使い終わったらすぐにもどせるということである。〝一望できること〟だけでなく、〝簡単であること〟と〝移動可能であること〟が利点である。

あちこち移動する人も、その日、そのときだけ必要な書類をクリアフォルダーで持ち歩けばよい。たいして荷物にもならないうえ、透明なので中身もすぐわかる。

私のデスクの引き出しの一段目には、使っていないクリアフォルダーが五〇枚入っている。何か資料が発生したら、テーマごとにすぐに入れる。透明なので、外から中身がよく見える。

しかも、一〇枚くらい重ねても、そのまま容易に持ち運べる。クリアフォルダーに仮綴じしたコンテンツが、研究室や書斎の内外をあちこち動きまわるのだ。

たとえば、資料となる切り抜いた紙片は、テーマごとにクリアフォルダーに入れておく。そして報告書などを書き終えたら、永久保存分を除いて中身を捨ててしまう。クリアフォルダーは、もとの引き出しへと帰ってゆく。

さらに、永久保存分も溜まってきたら、さらに内容を厳選して、第二次永久保存分としてクリアフォルダーに入れる。

こうするとモノがどんどん溜まってきても、**第三次、第四次といった永久保存分の次数がふえてゆくだけで、総量はふえない**ことになる。

実際のところ、ここでいう総量は、研究室や書斎の大きさが決めてくれる。当然ながらスペース以上は入らないし、入りきらないものは押し出されてゆくだけだ。

スペースの確保は、知的生産にとって大きな課題の一つである。モノを整理するには、入れる場所を確保する必要がある。

第1章であげた梅棹の文章（四一ページ）を思い出してほしい。整理のシステムを先につくってしまうのだ。そして、その仕組みのキーワードは、〝すべてを一望できること〟、すなわち「一望法」なのである。

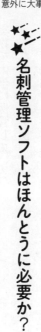

名刺管理ソフトはほんとうに必要か？

クリアフォルダーには名刺も入れている。私は名刺交換をしたらすぐにコピーし、その案件の書類といっしょに入れておく。するとテーマに応じて、名刺も移動する。用紙の余白には、次回の用件なども書く。

世の中には名刺を専用のケースに入れる人も少なくないが、使わない名刺の管理にとられる無駄な時間を極力なくしたい。といって、私は本物の名刺が全部不要といっているのではない。

紙に凹みをつける、昔ながらの鉛の活字で印刷した和紙の名刺を、初対面の挨拶でいただいたことがある。それは見事におしゃれな「作品」で、その方と仕事をしたいと思うきっかけとなった（拙著『京大・鎌田流 知的生産な生き方』東洋経済新報社を参照）。レトロな喫茶店でいただいた凝《こ》った名刺もそうだが、これらは実物を大事に保管している。

ちなみに、私が使っている保管用の名刺ファイルは、A4縦サイズの本棚に入る市販品である。

ファイルには単純に、時系列だけで入れる。こうした当該の仕事と離れた「隠れた人脈」は、第9章で述べる「未来の自分をプロデュースする」につながるアイテムでもある。

さて、紙の名刺をデジタルツールに取り込んでクラウドで保管する方法が、ここ数年多用されている。私にいわせれば、それは無駄な手間だ。スキャンする時間のみならず、どのソフトにしようか、どのアプリが便利かなどと迷う時間も無駄になる。

クラウド管理は、連絡先の把握だけでなく、多分に人脈づくりのツールとしてとらえられている。だれといつ会ったか、だれとだれがつながっているのか、共通の知り合いはいるか、などの情報がつかめるのはまちがいなく利点だ。営業に携わる人なら、たしかに活用する価値はある。

しかしその場合も、ソフトやアプリを何種類も並行して使うのは混乱のもとだ。私はソフトにしろアプリにしろ、「ひと目的、一ツール」と決めている。名刺でいうなら、相手の連絡先を知るにはメール、自分や周囲の人脈を把握するなら「フェイスブック」。これだけですべて事足りる。

世の中にはたくさんの新しい技術と、高機能なツールがある。しかも日々、さらに高機能なものが現れては、「あなたのツールはもう古い」とプレッシャーをかけてくる。

それらをいわれるがまま追いかけ、そのつど新しく使いかたを覚え、時間を空費するのは賢い方法とはいえまい。私は、仕事が立ち行かないレベルにまで達しないかぎり、新しいツールには手を出さない。

これこそがデジタルの恩恵に浴しつつも「決して溺《おぼ》れない」、最適な距離だと私は考える。デジタル時代を生き延びる術として、ぜひ意識していただきたい。

相手に対してつねに「スタンバイ」

とはいえ昨今、名刺交換の機会は大幅に減った。オンラインでのやりとりがふえ、名刺をもらうことも渡すことも少なくなったという声をよく聞く。

そもそも名刺を連絡先の把握ツールとしてとらえるなら、その役割はさほど大きくない。早々にメールのやりとりを始めておけば、末尾の署名で名刺と同じ情報が得られる。アナログの名刺フォルダーより、検索もはるかに簡単だ。

仕事で初対面の人とは、こうした「初動」が重要だ。頻繁にやりとりする人なら、携帯電話に電話番号を登録しておく。じつは、仕事が忙しくなる前に連絡をすませておくことは、双方にとって非常に大切である。人間は概して怠けるものだからだ。

老婆心ながら、プライベートのつきあいまで発展しそうな人には、仕事場だけでなく自宅の住所と電話番号も書いておくほうがよい。何かを送ろうというときに、相手も送り先の確認が簡単にできるからである。

ＳＮＳ（ソーシャル・ネットワーキング・サービス）、電子メール、電話、郵便と、それぞれの目的に沿った伝達手段がいつでも迅速に使えるように、〝パイプをつなげておく〟ことが大切である。これも理系的アタマの使いかたの一つである。

ただしこの〝署名〟情報は、デフォルト（標準とする動作条件）としておかないほうがよい。個人情報が漏れるおそれのあるところへのメールには、いま必要なアドレスのやりとりだけにとどめるよう心がける。

私はメールをもらったときには、〝受け取った〟との情報だけでも返すようにしている。こうすれば、送った人はメールが届いたことが確認できるので、まず安心する。そして次の行動がとりやすい。

反対に、私からの返信がこなければ、いま長期出張にでも行っているのだろうと推測がつく。大事なメールには、いますぐ内容自体への回答ができない場合でも、ただちに返信する。**「取り急ぎ受け取ったこと」「あとであらためて返答すること」を伝えるメールは、こまめに打つ**ようにしている。

このシステムは、フィールドワークで無線を使ったことのある人ならすぐに理解してくれるだろう。深い山中でも了解したことだけ伝えるために、「ラジャー」や「テンフォー」と必ず返答するではないか。

デジタル世代であるはずのいまの若者たちには、意外なことにこれができない人が多い。

効率的で正確な情報伝達と、良好な人間関係を維持する第一歩として、「受け取ったメールには返事をすぐ出せ」と、私はかねがね京都大学の学生たちに指導してきた。ちなみにこれができるようになった学生は、人間関係も上手にこなせるようになる。反対に、これすらできない学生は、いつまでたっても人間関係がへたなのである。

社会人でもまったく同様だ。メールで何回かやりとりしてみると、この人は仕事がうまくいっているか（もっといえば出世するか）、ある程度は判断がつく。それくらい、メールは人柄までをも映し出してしまうコワイ鏡なのである。この状況はSNSでもまったく同じである。気安くタメ口をたたいていたら、いつのまにかとんでもない評価が下っていたりする。

署名と返信の重要性に関して、ビジネスパーソンには近年かなり浸透してきたが、まだできない人が少なくない。直接電話をかけようとして、また書類や品物を送ろうとして、電話番号や住所を探さなければならないことがよくある。

これは相手に対して、「つねにスタンバイしている」状態になっていないからだ。コミュニケーションの基本である「相手の関心に関心をもつ」ことが、徹底されていないのである。

結論としては、デジタルおよびアナログツールの違いをよく理解し、それぞれ自分に合ったやりかたを工夫してみる。ここでは「カスタマイズ」がキーワードである。

増殖する本や資料をどう整理する？

次に、書籍の整理を考えてみよう。この一年で家にいる時間が大幅にふえ、読書に勤《いそ》しんだ方も多いだろう。

知的生産にとって、本はインプットをふやすための大事な手段である。何かまとまった内容を知ろうとするときに、真っ先にあたるべき情報源が書籍であることには、今も昔も変わりがない。ネットの断片的、かつ玉石混交《こんこう》な情報とはくらべ物にならないほど信頼性が高いことも事実だ。

しかし知的生産にかかわったことのある人なら、だれでも思いあたるように、本というものは際限なく増殖してゆく。それを漫然と本棚に並べていたのでは、活用されないままの手つかずの本がふえてゆくだけだ。文字どおり、書籍の「死

蔵」になってしまう。

これを避けるための簡単な工夫がある。私は本をテーマごとに並べている。大型本でも文庫本でも、近い内容であればまとめて並べるのだ。本はインテリアではない。その機能が発揮されることが、もっとも大事なのである。

たとえば、オペラの本の横に台詞《せりふ》の原典訳、原作の文庫本、オペラのCD、DVD、ビデオ、パンフレット、チラシを綴《と》じたファイルが並ぶ。こうすると、ヴェルディの『椿姫』一つとっても、デュマ・フィスの原作（新潮文庫）、名作オペラブックスの対訳（音楽之友社）、スタンダードオペラ鑑賞ブック・イタリア編の解説（音楽之友社）、ＣＤ、ＤＶＤのあれこれなど、『椿姫』の全容がたちどころに一望できる仕組みとなる。

あくまでもきれいに残すか、ひたすら使い倒すか。この選択によって本に対する態度がかなり変わる。

たとえば箱入りの本を、私は箱の背を外に見せて本棚に並べるようなことはしない。中身がそのまま引き出せるように、背をうしろ向きにして並べるのだ。

この方法は、大型辞書や画集などの場合に格段と威力を発揮する。箱を本棚に残したまま、中身だけをすっと引き抜くことができるのだから。しかもこうしておくと、何冊かの辞書を引き抜いたときでも、残った外箱がその本をもどす位置を示してくれる。

「簡単にもとにもどせる」システムは、意外と大事である。何がどこにあるということが頭に入っていると、つねにモノのありかが特定できるので何でも億劫がらずに引き出そうとするし、もとにもどすのもラクになる。稼働率も上がろうというものだ。

本や辞書は、もっているだけではダメ。いくら美しく並べても、使い勝手が悪くては意味がない。買ったモノを死蔵せず〝使い倒す〟ために、作業場にあるあらゆるモノを効率よく配置するのが、理系的な環境整備のコツなのである。

本は文房具

辞書でも本でも、引いた箇所、読んだところには、鉛筆で線を引いたり、印をつけたりしておく。こうすると、しばらくたってからふたたび調べたときに、すぐ目に入る。

二度も同じことを調べるくらいだから、それは自分の仕事にとってかなり重要なことのはずである。しかも一度で頭に入っていないからこそ、くりかえし調べたわけだ。二度目には、一度目よりもはるかによく内容が頭に定着する。

ちなみに高校生のころ、英和辞典をこのように使って真っ黒くしたことがある。文系の友人は眉をひそめていたが、そのシステムをすべての本と辞書に拡張したのだ。

いまでは漱石全集にも鷗外全集にも、縦横無尽に線が引かれている。拙著『成功術時間の戦略』（文春新書）で「本は文房具と思え」と述べたとおり、文房具として使い倒すのだ。

新聞や雑誌も同じである。おもしろいと思ったところには線を引き、自分の感想やキーワードを書き込んで、新聞名、雑誌名、それにページを記入して切り取ってしまう。自分の目にふれた情報はすべて、次に使いたいという場合には、使えるかたちで取っておく。

その一方で、単発の論文のコピーは執筆者ごとに分類している。人名別に紙のファイルに入れているのだ。容量がふえてくると厚くなる、アコーディオン式のファイルである。もちろん資料が少ないぶんには、薄く収まるので場所をとらない。

単発論文の場合、これをもしテーマで分類すると、仕事の変化に応じて分けなおさなければならなくなる。

それに対して人名で分類しておくと、必要となる論文に確実に行きあたる。しかも時間を食うことがない。一万件にもおよぶ論文のなかから探しているものがすぐに出てくるので、学生たちはいつも驚いている。

じつは、このシステムにはおまけがある。執筆者ごとに分かれているので、だれがどのくらいのアウトプット（業績）を出しているのかが、一目瞭然である。ファイルの厚さがおおよその研究業績の証《あかし》となっているのだ。

つまり、このように、対象によってテーマで分けたり名前で分けたりと、仕組みを臨機応変に変えてゆくのが、まさに理系的アタマの収納法なのである。

テレワークのオン・オフ切り替え術

机の使いかたは、じつは知的生産と深くかかわっている。オフィスワーカーは職場での自分の机を、そしてテレワーカーは自宅の机をぜひ最適化しよう。

私は研究室でも自宅の書斎でも、大きい机を三つ使っている。一つは、メインの書き物机で電話や文房具が置いてある。もう一つは、それに向かいあう作業机。そして残る一つは、パソコン専用の机である。

二番目の作業机の上には、現在の案件が入ったクリアフォルダーがいくつも置かれている。もっとも重要なものがいちばん手前だ。それから、順次、奥ほど緊急度が下がる。

机上にはもう一カ所、時系列に沿って書類を入れたクリアフォルダーも積まれている。これらはスケジュールと直結している案件だ。

「明日の十五時に打ち合わせ」「来週月曜の十時に取材」など、いまに近い時間ほど上に、先のことほど下になっている。その用事がすんで中身を捨てれば、次の用事が入ったクリアフォルダーが出てくる仕組みだ。

一日の仕事を終えたら、あらためてその順番を確認する。そして、翌日の最初にすべき仕事のクリアフォルダーを、いちばん上にする。こうすれば、最初にやるべき仕事が真っ先に見えるからだ。重要度に応じて、上から下へと仕事が積まれてゆくことになる。

このように整理しておく作業は、オンからオフに移るルーティンだ。テレワークに慣れない人はよく、「通勤の移動時間がなくなると、上手にオン・オフを切り替えられない」と悩む。

そんなときは身のまわりの書類や資料、文房具を整える「儀式」が役立つ。パソコンの電源を切って、部屋の電気を消せば、それがオフの合図になる。あとは、仕事のことはすっかり忘れよう。ダラダラといつまでも引きずっているのが、頭脳にはもっとも害なのである。すなわち、「オフの時間に仕事をいっさい持ち込まない」。仕事場——たとえ自室であっても——を離れたら、別の楽しい人生が待っているようにする。

翌日やるべき仕事を思い返すようなことに、頭の中のメモリー（容量）を使わなくていい。なぜならば、机上のクリアフォルダーがすべてを記憶してくれているのだから。

翌朝は、このクリアフォルダーがオンのスイッチにもなるだろう。机を見れば、何から着手するか一目瞭然、すぐに仕事にとりかかれる。オンとオフの境目をはっきりつけるためにも、クリアフォルダーを用いた前述のシステムは、たいへんに有効なのだ。

とにかくひと目でわかるように

私はクリエイティブな作業をするとき、先に述べた三つの机をフルに使う。

メインの書き物机の上には、メモ用紙、鉛筆（シャープペンシル）、四色ボールペン、油性ペン、消しゴム、ホチキス、付箋《ふせん》がつねに置いてある。

引き出しには、コピー用紙をA４とB５それぞれ二〇〇枚ほど入れてある（コピー用紙の使いかたは、のちの章であらためてくわしく述べることにしよう）。

メモ用紙は、コピーの裏紙を半分に切ったもの。思いついたことは、ここになんでもメモしておく。頭の中に覚えておこう、記憶しようとはせず、必ずメモしてしまうのである。

書き込む内容が長くなりそうだったら、A4サイズのコピー用紙に書き出す。もっと長くなりそうな場合は、コピー用紙に通し番号をふって、何枚にもわたって書きつける。きちんと整理したりせずに、そのまま書きつけることが肝要だ。ここで時間とアタマの両方を節約するのである。

書いたことを消すさいには、鉛筆を使ってまちがいを二重線で消して、そのあと続けて書き込むことが多い。消しゴムは、使っても使わなくてもよい。書きながら整理したくなったら消しゴムを使う。このあたりも臨機応変である。

また、メモは必ずクリアフォルダーにしまう。何枚かのメモに書かれたテーマを別のメモ用紙に要約して、いちばん見やすいところに一枚はさんでおく。

なお、メモのかわりに付箋を使ってもよい。付箋は色分けできるので、書いたメモ用紙にテーマ別の付箋を貼っておくわけだ。

ここで大事なことは、見にくい表示の場合は、すぐにでもわかるように工夫することである。不細工《ぶさいく》でもなんでも気にしない。「一望法」のキー概念にかかわることだ。

なんでもそうだが、中身がわからなければ機能的でない。こういう場合には、自分でわかりやすい記号を書いてしまおう。

たとえば似たような容器に入れられたものは、表に中身について書き込んでしまう。いっそのこと油性ペンで大きく書きつければよい。そうすると、いちいち中身を確かめなくてもひと目でわかるではないか。

すべてが一望のもとに〝見える〟ようにしておくことは、理系的システムの核である。どんなにおしゃれで美しいパッケージであろうと、油性ペンで黒々と書いてしまうのだ。文系の方は驚かれるかもしれないが、見てくれは二の次、機能最優先の戦略である。

これらの作業には、ホチキスとハサミも使用する。書いたメモを綴じたり、コピー用紙に書きつけたことを切り取ったり、貼りつけたりする。このような動きは、ちょうどパソコン上でまとまった文章をコピー&ペーストするのに似ている。

コピー用紙に書きとめたことのなかから、必要な部分をハサミで切り取り、新しいコピー用紙にホチキスでとめる。そしてまた書き込んでゆく。書き込んだことを消したり清書したりするよりも、このほうがずっとラクである。糊よりもホチキスのほうが、じつは作業が速くて簡単なのだ。

もう一つ大事なコツを書いておこう。

私の場合、書き物机の隅に電話が置いてある。この電話の扱いも、知的生産にとってはきわめて重要だ。ときには致命的な邪魔になるからである。

知的活動が佳境《かきょう》に入ったときには、スマホを留守電に設定し、バイブレーションもオフにする。メールソフトが立ち上がっていたらそれもオフにする。そうしておけば、クリエイティブな頭の働きを妨げない。

先に紹介した『成功術時間の戦略』にも書いたように、一日にせいぜい一時間程度しかない「クリエイティブな時間」をどこで確保するかが、知的生産には至上命題なのである。

そして、もっともクリエイティブな作業が終わってはじめて、それらを解除する。ちなみに、緊急の用事は、えてしてメールのほうが早く伝わる。

もう一度、机の話にもどろう。

メインの書き物机、サブで使う作業机、パソコン机が私の知的作業場である。この三つの机に、仕事の機能を割りふってしまうというのが、私の戦術である。机の大きさや配置は、各人の部屋に応じて自由に選んだらよい。大事なことは、機能なのである。

さて、サブで用いる作業机の上には、前述のようにクリアフォルダーが置いてある（七〇ページを参照）。これらのクリアフォルダーは緊急度の高い順番に、手前から奥に並んでいる。

机の上の約四分の一をクリアフォルダーが占めており、残りの四分の三のスペースが空き場所だ。このスペースは、作業中にメインの書き物机からあふれた資料を一時的に置いておくために使う。仕事を円滑に進めるうえで、予備として活用される空間なのである。

パソコン専用机には、二台のパソコン、プリンター兼スキャナーなどが置いてある。これらの機器類で三分の二のスペースを占めているが、残りの空きスペースが、同様にパソコンの入力に必要な原稿や資料を置く場所となる。

このスペースは、サブの作業机があふれたときに用いることのできる、第三の空き空間としても使える。このように、予備のスペースを二重三重に確保しておくことで、作業が非常に効率よく進む。

自宅で仕事をするさいはこのように、机を「広くとる」ことを意識しよう。パソコン、スキャナ、＋αの広さがあればいいと思うのはまちがいだ。そんな窮屈な空間では、クリエイティブネスは発揮されない。

机三台とまではいわないが、書き出したメモを一望で俯瞰《ふかん》できるだけのスペースをもつサブ机は、ぜひ設置をおすすめしたい。

2 時間を無理なくつくる

要素分解法 困難は分割せよ

次に重要なのは、作業時間の確保である。

これを実現するには、時間に関する優れた戦略と戦術が必要となる。ここでも具体的にノウハウを述べていこう。

ここで強調したいのは、感情やその日の体調、人づきあいにまったく左右されない技術である。その技術があれば、さらに十五分スケジュール、時間スケジュール、週間スケジュール、月間スケジュール、年間スケジュール、人生手帳といった六パターンのスケジュールを常時使いこなしながら、もっとも効率よい時間配分のもと、すべきことを遂行できる。

テレワーク化により、通勤時間をはじめ移動時間が激減し、個人の自由になる時間は一見ふえたかに思える。同僚や上司がそばにいないぶん、気持ちのうえでも解放感があるだろう。

しかし反面、すべて自分の裁量で時間管理をするむずかしさを感じる人も少なくない。「仕事の切り上げどきがわからない」「ついダラダラしてしまう」という声はしばしば聞かれる。

ここで必要なのは、まずシステムづくりなのだ。キーワードは、〝システムにまかせる〟ということである。知的生産を行ううえで生じるすべての課題は、じつは「システム」にある。

理系のアタマの構造とかなんとかというようなむずかしいことをいわずとも、システムの問題だとドライにいいかえてしまってもよい。理系人はどういうシステムで日常が動いているのかという単純な話なのだ。

このシステムは、レポート作成現場だけの問題ではない。たとえば料理の段取りにおいても、システムづくりは大事なポイントとなる。

日本が世界に誇る京都の俵屋旅館が経営する天ぷら専門店「点邑《てんゆう》」でも、下ごしらえのさいにそれが発揮されている。小林紀之前店長はこう語る。

「ぼくは無駄をしません。上等の素材を、七分間なら七分間できっちり下茹《したゆ》ですれば、自然に食材のもつ最高の味が出るのです」

この七分間を知るために、彼はいろいろと実験し試してみたのだ。料理の下ごしらえとは、まさに要素への分解にほかならない。芋と青菜と魚は別々に処理しなければならないからである。

本書のキーワードの一つは、システムである。そして、このシステムづくりで重要な概念は、〝要素に分解すること〟と〝実験してみる〟という二点なのだ。細かく問題点を分解し、いろいろ試行錯誤をしながら実験してみることで、システムをつくることができる。

「要素分解＋実験」という方法さえ身につければ、理系的な動きが可能となる。そうしてできあがったシステムにまかせてしまえば、コトはいとも簡単に動き出す。これを「要素分解法」と名づけよう。

日常生活にこのシステムを取り入れれば、だれでも無駄のない動きができるようになる。大切なことは、本書で知ったシステムを、いますぐにでも実行してみることだ。

システムというのは頭で理解しただけではダメ。実際に自分で動かしてみなければならない。行動してみてはじめて身につく。やってみると、「なんだこんな簡単なことだったのか」と拍子《ひょうし》抜けするくらいなのだから。

パソコンやスマホをはじめて触ったときのことを思い出してほしい。最初はたどたどしくとも、使えば使うほど、その機能に熟達してくる。その反対に、使ってみなければ、たんなる宝のもちぐされではないか。理系的アタマの使用法も、それとまったく同じなのである。

手帳という「時間の戦略」の武器

時間管理のコツは、手帳にスケジュールをきちんともれなく記入することから始まる。

私は今も昔も、メインのスケジュール管理は紙の手帳だ。「iPad」のスケジュールアプリも使用するが、こちらは原則として、研究室での共有用である。よって、**スケジュールの詳細はすべてアナログの手帳に書き込み、一元管理をする**。

アポイントメントの日時や人名はもとより、スペースがあれば相手の電話番号も書いておく。正直なところ、私は翌日の仕事や面談予定を覚えていないことが多い。ましてや一週間先にだれと会うことになっているかなど、すっかり忘れている。

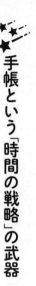

なぜなら、すべては手帳に書いてあるからであって、そのような些末《さまつ》なことに大事な頭のメモリーを使わないようにしているというわけだ。

おもしろいのは、その夜の予定すら、手帳で管理しているということだ。どこで待ち合わせるか、さっぱり覚えていないのだが、会食するレストランの予約は手帳に予定を書き込んだ時点ですませてある。相手と話すテーマも同様に手帳に記入してある。

この手帳を六時間ほど前に確認さえしておけば、あわてふためいたり、約束をすっぽかしたりするようなミスはまったく起きないのである。

だから私は手帳を頻繁にチェックし、次に行う行動リストくらいはその場で頭に入れておく。そしてそれに合わせて、重要度の高い順に仕事をこなしてゆく。

紙の手帳の強みは、すばやくめくって確認することができる点にある。私の場合、鉛筆でスケジュールを記入し、変更が生じたら二重線で消して新しく書き込む。するとスケジュールを変更したことも記録され、変更前の情報もいつでも確認できる。デジタルよりも作業がはるかに簡単だ。

なお、紙の手帳を使うことに対して、きわめて原始的な行動だと思う方も少なくないだろうが、十年間の試行錯誤の結果、これに勝るものはない。アナログの手帳で十分に対応できる程度のスケジュール管理を、あえてデジタル化するようなことはしない。

唯一、気をつけなければならないのは、手帳をなくさないことだろうか。そのために私はいつも、「手帳・携帯・財布・鍵」の四品の存在を確認する。しかも、一、二、三、四と数を唱えながらチェックするだけなので、たった数秒ですむ。

それに紙の手帳だと、何かの拍子に壊れてデータが消える心配がないのも利点だ。何十年も同じ手帳を使っているので、昔のこともすぐわかる。古いものを取り出してパラパラとめくり、十年前の何日に何をしたか、何を食べたか、といったことをふりかえるのもおもしろい。自分の筆跡から、過去の足跡が浮かび上がる。つまりデジタルにはない、五感に響く体験ができる。

一方、デジタルにはデジタルの強みがある。時間がきたらピーッと鳴って通知してくれる、といったワザはアナログではできない。忘れやすい私にとってはありがたい機能だ。

これは、長らく紙の手帳のみを使ってきた私が、デジタル手帳も取り入れた理由の一つだ。デジタルを使うのは「新しいから」ではなく、自分に役立つところがあるからだ。

それぞれのよいところを見て、臨機応変に活用するのも、理系的アタマの特徴だといえようか。

★朝、仕事がスムーズにスタートする

仕事にとりかかるのが億劫なときが、私にもよくある。いざ机の前に座っても、なんとなくスタートがスムーズに切れない。

このような人間の性《さが》をいくぶんでも解消するためのいくつかの工夫がある。

ここでも、心地よいスタートを切る「システム」を前もってつくっておくのだ。

まず、仕事のスケジュールを確認する。何時から何時までの何時間を、その仕事に使うことができるのか。そして、何をその時間内にやり遂げたいのか。それを最初にきちんと把握する。できれば紙に書き出しておくとよい。そして、やりたい仕事には、必ず「緊急度」と「重要度」の区分をつけておく。

重要な順に仕事を進めるというのは、じつはもっともむずかしい。人はつい目の前の緊急度の高そうな仕事から始めてしまうものであり、えてしてそれは重要度が低いからだ。

たとえば朝、パソコンを立ち上げてメールの返事を書き出すと、それだけで一時間以上を費やしてしまうことがままある。私もメールの返信は好きなほうなのだが、なるべく仕事の合間、別の仕事をはさんでもよい時間に、メールの作業をするようにしている。

したがって当日のスケジュールは、仕事始めの朝に書き出すのではなく、前日の仕事の終わりにあらかじめつくっておくとよいだろう。今日はここまで仕事がすんだので、明日の最初はこの仕事から始めようと、大枠のスケジュールを練っておくのだ。それを紙に書き出し、前に述べたサブの作業机の上に置いてから帰る。

すると翌日、机に座った瞬間に、いまから何をやるべきかが即座に見える。時間の流れがいつでも目の前に見えている状態にしておくことは、とても大切である。

なお、このスケジュール調整作業は、机の前にいなくてもできる。自宅に持ち帰ってもよい。移動中の電車のなかや夕食後、あるいは寝る前に少しだけ時間をとって、明日の仕事内容を確認しておくのである。

私の場合、夜の読書の時間に、ふとおもしろい仕事や企画を思いついて、メモに書き取ることがある。これを翌日のスケジュールに組み込むことができるように、翌日のスケジュール表をいつも持ち歩くのである。

一週間後までにしなければならない仕事は、前述のように、すべてクリアフォルダーに分類してある。このクリアフォルダーが、私の机の上に緊急度に応じて並んでいる。すなわち、真っ先にすべき仕事から、すぐに手の届く場所に置いてあるのだ。

ただちに仕事にとりかかれるように、クリアフォルダーのなかには、関連書類もはさんである。先に述べたように、名刺のコピーを入れておくのもそのためだ。スケジュールをすっかり忘れていても、こうしておけば取りこぼしがまったくない。

もう一つ、朝のスタートをうまく切るために大事なことは、ウォーミングアップのシステムをつくることだ。前日にすべての仕事を完了せずに、次の日の最初につながるような仕事を少し残しておくという工夫である。

すると、ちょっと残っていた仕事を片づけるうちにペースが上がってゆく。翌朝のウォーミングアップを考えて、その日の仕事を終える習慣を身につけるようにするとよいだろう。

3 仕事スケジュールに「遊び」を確保する

バッファー法　自由になる空間・時間を確保せよ

知的生産を続けてゆくと、いつしか資料が際限なくふえてゆく。ここで適切な方法を講じていないと、机の上はすぐにモノであふれかえり、必要で集めた資料がかえって足を引っ張りかねない。

本節では、作業場としての大型机や棚の効率的な活用法と、その背景にある基本的な考えかたを示してみよう。

資料があふれたときの空間的な空きの確保はもとより、作業時間上の空きも最初から用意しておく必要がある。ここでのキー概念は、次の二点。

①すべてを一望しながら作業ができること
②資料や関連機器が移動可能であること

資料があふれないために重要なこと、それはバッファーの確保である。バッファー（buffer）とは「衝撃や苦痛を和らげるもの」という意味で、鉄道業界など、車両の衝突のさいに衝撃を減らすための緩衝装置を指して使われてきた用語である。このバッファーが、膨大な資料の整理や新しい発想を引き出すうえでたいへん重要な働きをするのである。ここでは「バッファー法」と呼んでみよう。

というのも、知的生産とは、すでにある情報を組みあわせて、互いの関係がよく見渡せるようにすることといいかえてもよいからだ。資料と情報の組み替えから仕事が始まるといってもよい。

資料や機器が自由に移動可能であるようなシステムを、最初からつくってしまう。ここでは自由に移動できることが、もっとも重要なキー概念となる。

たとえば、ギュウギュウに詰め込まれた箱のなかでは、モノは移動できない。子供のころに遊んだ「15ゲーム」を思い浮かべてほしい。四かける四の計一六個のマス目のなかで、一五個の数字のコマを動かして順番に並べてゆくゲームである。一個ぶんだけ空きがあるから、コマが動く。もちろん、もし二つ空いていれば、なお動きやすいだろう。

それではゲームとしてはおもしろみがなくなってしまうが、移動効率だけ考えれば空きは多いに越したことはない。これが知的生産のスピードアップに直結するコツなのである。

具体的な話に移ろう。机の上には、いまからやる仕事の作業スペースがいる。パソコンのスペースだけあればよいというわけにはいかない。たくさんの資料を広げる空きスペースが必要なのだ。自分の目の前に自由になる空間を、真っ先に確保する。だから私の場合も、サブの作業机を用意している。そしてここで、複数の仕事を同時並行でこなしてゆくのだ。

まず、いま抱えている仕事を五つくらい、紙にリストアップしてみよう。それぞれについて、関係資料を分類して机の上に並べてみる。たとえば、いますぐやること、明日やること、一週間後にやること、一カ月後にやること、来年までにやること、などの計五件である。

これら五件の仕事が同時進行できるスペースを、まず机の上に線引きするのだ。これは、実際に透明なクリアフォルダーを何枚か並べてみるのでもよい。

線引きが終わったら、理系の方法論では、できるところから仕事を始める。いちばん簡単でエネルギーの要らないものから手をつけるのが、鉄則なのだ。

とにかく、やりやすいと思ったものからとりあえず仕事を始める。始めたら、だんだんアタマが回転してくるだろう。ウォーミングアップがうまく作動してくるのだ。すると今度は、緊急度に応じて、次にする仕事を変えてゆく。当然、いますぐやること、明日やることを先にこなすことになる。

しかし大事なことは、一週間後にやることや一カ月後にやることも含めて、五つぶんの作業スペースを机の上に確保しておくことだ。締め切りが一週間後や一カ月後であっても、いまから少しずつ作業が必要なものもある。本の執筆などは期限が比較的ゆるいものだが、じつは重要度が高い。きっちりと時間をとっておかないと、いつまでたっても完成しない。

それらがつねに見えているようにすることが、バッファーを机の上にもつシステムの効果なのである。

垂直型バッファーと水平型バッファー

プラスチックの棚やクリアフォルダーを使うシステムも、バッファーの概念に基づいている。なお、プラスチックの棚とは、A4サイズのクリアフォルダーが入る透明な引き出しの棚で、縦に六段ほど並んで、引き出しの中身が外から見えるものである。

仕事のテーマが変化したり、資料がふえたり減ったりすることに柔軟に対応して、棚やフォルダーの数を自在に増減できるのだ。これは、いってみれば垂直方向に積みあげる型のバッファーシステムである。「垂直型バッファー」とでも呼んでおこう。

これに対して、作業机を使って五つの案件を並べる先ほどの方法は、水平方向に並べる型のバッファーに相当するだろう。「水平型バッファー」である。たとえば手前から奥へ、緊急度の高い順番に置かれているなどだ。

ここで重要なことは、垂直型でも水平型でも、すべてが同時に見渡せるということである。「水平型バッファー」は、机上の資料がひと目で把握できる。また「垂直型バッファー」の場合にも、プラスチック棚の前面にはラベルが貼ってある。

私はこのラベルに、白色のメンディングテープを使っている。これは表に文字を記入でき、貼り替えが容易なものである。しかもテープの端を折って、いつでもつまんで簡単にはがせるようにもしてある。資料内容の入れ替えに、エネルギーを使わなくてもすむというわけだ。

同様に、色つきのクリアフォルダーを使う場合でも、透明度の高いものを選んでいるので、中身が全部見えるようになっているのだ。

もう一人の自分が観察――「メタ認知」と「離見の見」

すべてを一望しながら作業を続けるためには、一望することのできる別の自分が必要である。このような認識主体のことを心理学では〝メタ認知〟という。

精神科医の和田秀樹（一九六〇〜）はこう述べる。

（略）最近の認知心理学では、頭のよさを規定するものとして、メタ認知ということが強調されている。（中略）妥当な推論を行うためには自分の思考パターン、つまり自分の認知状態を認知する必要がある。（中略）

> たとえば、ある問題解決を行うにあたって、自分の知識状態が足りているか、自分の思考パターンはこの問題を解くのに適しているか、自分は今感情に振り回されていないかなどを知っているかどうかである。（中略）メタ認知的知識のある人が、いわゆる自分がわかっている人である。
> （略）自己を知り、それに基づいて自分をチェックして、自己修正ができる人間がメタ認知の働く人間と呼ばれ、こういう人こそ、認知心理学の世界では賢い人と呼ばれるのだ。
> （和田秀樹『能力を高める受験勉強の技術』講談社現代新書、一二四〜一二七ページ）

すべてが見通せる状態、それこそが〝メタ認知〟の活動している姿なのだ。これは、六百年前に能を打ち立てた世阿弥《ぜあみ》（一三六三ごろ〜一四四三ごろ）が『花鏡《かきょう》』のなかで〝離見《りけん》の見《けん》〟という言葉で表したものと、ほぼ等しい。

知的生産を行うためには、つねに生産している自分を他人のように観察するもう一人の自分がいたほうがよい。別の自分がスケジュール管理をしたり、頭の疲れを早めに察知したりして、働きすぎに対して上手にストップをかけてくれるのだから。

世阿弥のいう〝離見の見〟について、『花鏡』からの現代語訳を引用してみよう。

観客によって見られる演者の姿は、演者自身の目を離れた他人の表象〈離見〉である。いっぽう、演者自身の肉眼が見ているものは、演者ひとりの主観的な表象〈我見〉であって、他人のまなざしをわがものとして見た表象〈離見の見〉ではない。（中略）

われわれは他人のまなざしをわがものとし、観客の目に映った自分を同じ目で眺め、肉眼の及ばない身体のすみずみまでを見とどけて、五体均衡のとれた優美な舞姿を保たねばならない。これはとりもなおさず、心の目を背後において自分自身を見つめるということではないのだろうか。

（北川忠彦『世阿弥』中公新書、一五三〜一五四ページ。改行を一箇所追加）

この考えかたは、知的生産に関しても重要なポイントとなるものである。質の高い生産にはつねに〝離見の見〟が不可欠なのだ。

「無意識」へ語りかけるバッファー時間

バッファーの概念は、時間の戦略上においても重要である。空間的なスペースだけでなく、作業時間上のバッファーを最初から用意するのである。

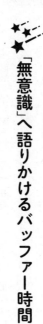

仕事の締め切りが決まったら、仕事の全体量を余分の日数で割り算する。そして、時間的に余裕のある空白の日をつくるのだ。第1章の3節で述べた「割り算法」（四四ページ）の考えかたが、ここでも役に立つのである。

たとえば、仕事を依頼されてから締め切りまで十日あるとしよう。すると八日間で仕上げて、残りの二日をバッファー時間とするのだ。この期間に、さまざまな調整が可能となる。蛇足だが、元旦に配られる分厚い新聞の大部分は、十二月二十日ごろにはできているのだ。

さらに、バッファー時間には、当初は予想もしなかった高度な知的生産を行うこともできる。〝足が出た〟ところを補うためのマイナス対策用のバッファーでは決してない。より質の高いアウトプットに改良するための、プラスのバッファーなのだ。

私の場合、原稿を書くさいには、締め切りよりもずっと早めに書き上げるようにしている。余った時間にゆっくりと熟成させて、内容をよくしてゆくのである。こうしたことを習慣にしていると締め切りをオーバーすることもなく、何本連載を抱えていても、仕事に追われるような切羽《せっぱ》詰まった感じにならなくてすむ。

バッファー時間は、すでに書き上がった内容がどんどんよくなってゆく楽しみの時間となる。こうすると、締め切りを気にしながら書くときにはとうてい出てこなかったような、斬新な発想が生まれてくるものなのだ。

時代小説家の池波正太郎（一九二三〜一九九〇）は、引き受けた連載は、締め切り日の半月前に原稿を書き上げていたそうだ。彼はこう打ち明ける。

（略）どの仕事にも余裕《ゆとり》をもって取りかからねばならない。

余裕とは〔時間〕である。

私の場合、二つの連作小説で、約半月の日数を看《み》ておかねばならない。

むろん、その他の仕事も重複《ちょうふく》してやるけれども、基本としては、一日十枚のつもりでいなくてはならぬ。（中略）

小説の場合、締切りの半月前に出来あがることもめずらしくない。しかし、すぐには渡さない。折にふれて机の上へ出して見て、推敲し、手を入れる。

（池波正太郎『男のリズム』角川文庫、一八九〜一九六ページ）

このシステムは作家だけでなく、すべての知的生産に携わる人に有効であると思う。バッファー時間には、自分の無意識とじっくり語りあうことができる。そうして自分の奥底に潜んでいる何かを汲《く》み上げるのだ。

スケジュールに追われて、意識を張りつめて活動している日常モードから自分を解放し、満足感のなかで新しい発想やアイデアをつけくわえるのである。発酵熟成という言葉は、無意識の働きにふさわしいイメージなのだ。

バッファー時間は、全体の持ち時間の二割程度を確保しておくと、理想的である。締め切りまで三十日間あったら、最後の六日間は何もしないでよい期間にとっておく。割り算する前に、最初から確保しておくのだ。六日間は余裕をもって、自分のやった仕事を他人の目で眺めることができる。

ここでもキー概念は、すべてを一望しながら作業することである。

理系的仕事術には、時間的そして空間的なバッファーを挿入することが必須である。バッファーを入れてみることを、簡単な作業から試みてみよう。うまくゆく感触が得られれば、知的生産のシステム全体にバッファーを組み込むことも可能となるだろう。

第3章

ほんとうに必要な情報だけを得る

わが家の森鷗外の著作。彼は翻訳家としてフレームワークの橋渡しを縦横無尽に駆使し、『即興詩人』などの数々の名訳を残した。手前は初版本の復刻版、後方は岩波書店菊判全集。

1 文房具はどれでもよいのか

目的優先法

ノートは書きなぐるもの

効率的な情報収集のためには、理系特有の技術が存在する。たとえばノートをとる、メモをとる、本を読むさいには、目的に合った情報だけを効率的に取得する。

つねに目的にしぼって行動するのである。逆に、目的外のことにはまったく無頓着になる。このような手法を「目的優先法」と呼ぼう。

本節では、ノートとメモのとりかた、本や雑誌の読みかた、パソコンやスマホとのつきあいかたなど、情報取得の具体的な技法について述べたい。最初に断っておくと、私は情報収集のさいもアナログ優先である。ネットを使った情報収集についてはあとで述べるとして、まずは情報を書き込む媒体（道具）によって技術が異なるので、ノート、メモ、コピー用紙に分けて解説しよう。

まずノートだが、これには連続性のある内容を記録する。たとえば半年間の講義、何回か連続して聴講する講演会、数日にわたって朝から夕方まで行われる学会などで記帳する手段である。同一のテーマ、または似たような内容で、連続的に情報を書きとめるのだ。

この場合には、ノートはテーマごとに分けて用いる。一冊のなかに異なるテーマの内容は書き込まない。私はつねに六、七冊のノートを同時並行で使っており、いま作業を行っているテーマごとにカバンに入れて出かけるようにしている。

また、書き出しには必ず日付と時刻を入れ、時系列に沿って記入してゆく。

次に、テーマ（表題）を必ずひと言で記すようにする。キーワードを書いてもよい。本でいえば中見出しにあたるものを書き込んでおく。これをしておくと、あとから行うことになる章立てがきわめて容易になる。

なお、ノートの表紙には、大きなテーマと日付を記入しておく。複数の日時にわたるときは、それらの日付をすべて書いておく。表紙を便利なインデックスにするのだ。

中見出しが表紙に書ければ書いてもよい。あとから表紙を見ただけで、できるだけその内容がわかるようにしておくのである。ここでも〝一望できる〟がキーワードとなるわけだ。

ノートというものは、書きなぐってもよいのだ。講演会などの話を書きとめるときには、話し手のスピードについていけるのが理想的だろう。速く書くにはコツが必要だ。

そのためには、ノートの罫線は無視する。消しゴムは使わない。まちがいは線で消すか、黒く塗りつぶしてしまう。すべてがスピードアップのための省力化である。字は自分があとで読み取れる程度のていねいさでよい。ページもどんどんぜいたくに使う。

かつて新聞記者の取材を受けたときに、彼がノートにどんどん書きなぐってゆき、ページを次々とめくっていたのが印象的だった。しかも、記者の書いた文字は、タテ・ヨコ各一センチメートルほどの大きなものであった。

情報の記録のしかたは、まずは自己流を確立することだ。その後、もっと効率的な方法へと少しずつシフトする。書きかたは乱暴でも、大事なことは書き損じない。とにかく、自分に合った方法を身につけることが肝要なのである。

ノートをとる目的は、一次情報を自分のアタマに固定することである。だから、ノートにとった内容を要約するのは、別の作業となる。これらをいっしょに考えないほうが、ずっとよいノートがとれる。

話を要約しながら聴いていると、別のアタマが働き出すものだ。虚心坦懐《きょしんたんかい》に情報を集めて、荒っぽくても紙の上で整理する。これがノートをとる本来の役目である。

ここでも理系人は、できるだけアタマを使わない方策をとる。頭脳をフル回転させる思考と、単純作業をきっちりと分けるのだ。このように頭脳労働を節約することで、より「知価」の高い仕事を生み出そうとするのが理系的な戦略といえる。

数字や人名、年号、単語なども、可能なかぎり書きとめておく。アウトプットにそのまま使えるようなキーワードやキーフレーズは、できるだけ生で書き取る。というのは、あとで年代や正確な名前を調べるのは、意外と手間と時間のかかる仕事になってしまうからだ。

矛盾するようだが、ノートをとらずに話を聴く、という別の課題もある。これは、ボーッと話を聞いていて、頭に残ったものだけが自分にとって大切なことであると割りきる方法である。上級向けの指南といってもよい。

ノートに書き込まなくても、無意識は大事なことをしっかりと吸収してくれる。むしろノートをとらないほうが、無意識は活動するものなのだ。無意識を働かせて話を聞き流しながら、全部が終わって少し間をとってから、ゆっくりとポイントをまとめる。これこそが自分のなかに残ったオリジナルな内容なのである。

無意識の効用については、あらためてクリエイティブを論じる章（第5章）で説明することにしよう。

メモはほどよいプレッシャー

メモはどのようなときにも、覚え書きとして活用する。メモをとるときには、市販の四色ボールペンを使って色分けする。大事なことを赤で強調したり、テーマごとに青、緑などで囲ったりしてもよい。

せっかくの情報を忘れないための最大の戦略が、このメモをとることにある。よって、メモとボールペンは手の届くところにあちこち置いておく。

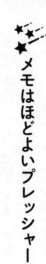

できるかぎり手持ちのメモに覚えさせて、脳のメモリーを使わない、それが目的である。理系人は、いつでもどこでもアタマを使わないシステムを採用する。

本来の作業を完了したら、書いたメモはすぐに捨てる。逆に、作業が終わるまではずっと残しておくことになるので、自分の行動をうながす役割もメモは担う。

作業が終わらなければ、机の上の目につく場所に、このメモはずっと置かれつづける。これが適度なプレッシャーとなってくれる。ここでも、ひと目で全体が見渡せるシステムが活きてくるわけだ。メモを壁に貼り出して自分にプレッシャーをかける人もいるが、それもよいだろう。

メモには基本的に一つか二つくらいの情報を書き込むのだが、ときには複数の情報を書きつけることもある。この場合には必ず箇条書きにして、項目の前にマルでもつけておく。

とくに大事な内容は、二重丸にしておく。そして、その項目が実行されるごとに線で消してゆく。最後の一つが終わるまで、メモは捨てられない。

メモに書き込んだ内容によっては、長期間（数週間や数カ月）のスパンで参照されるべき案件が生じることもある。

たとえばアウトプットのための、何か新しい発想を得たようなときである。そうした場合には、作業がすぐには完了しないので、いつまでもメモを捨てるわけにはいかない。このようなメモはそのまま保管されて、いずれ近未来に活用される情報となる。

こうしたメモは、たとえ内容がひと言しかなくても、先ほど述べたクリアフォルダーのなかに入れる。このクリアフォルダーには付箋で項目をつけて、テーマごとの引き出し棚（透明のプラスチック製）に保管する（九三〜九四ページを参照）。

大事なことは、メモをバラバラの状態では保管しないということである。必ずクリアフォルダー、引き出し棚という「システム」のなかに組み込んで、ラベルも貼っておく。

こうしておけば、いずれこのテーマが展開して、さまざまな資料が手に入ったときにも、即座に同じクリアフォルダーなり引き出し棚に入れて、情報をひとまとまりに管理することができる。

このシステムのポイントは、思いついた発想をしまっておく入れ物を、思いついた時点で準備してしまうということにある。

紙の情報はクリアフォルダーで管理

コピー用紙は、おもに単発の講演会の筆記録などに用いる。コピー用紙は、メモとノートの中間にあたる媒体という位置づけだ。

たとえば入手の機会は一回かぎりだが、メモよりも長い情報を書き込みたいときに、コピー用紙が活躍する。当然ながら、メモよりも長い期間にわたって保管することを念頭に置いている。

コピー用紙は、基本的に一つのテーマで書き込んだパッケージからなる。コピー用紙には、必ず通し番号を入れる。また、日付と、できれば時間（午前、午後の略号であるAM、PMでもよい）を書き込んでおく。

何枚かにわたって書き込んだら、最後には必ずホチキスでとめる。そしてメモと同様に、クリアフォルダー、引き出し棚というシステムのなかに組み込んでおくのだ。

コピー用紙に書くときにも、私は四色ボールペンを使って色分けする。とくに大事なキーワードを赤で強調したり、キーフレーズを青で囲っておいたりすると効果的だ。

単発のテーマを書き込んであるコピー用紙は、必要に応じて、ほかのテーマのクリアフォルダーに移すことができる。それがいちばんの強みなのだ。

もし紙が複数枚になったら、コピー用紙のままホチキスで綴じてしまう。そのほうが移動性が高くなるので便利である。もし最初からバインダーなどに入れると、見えなくなって「一望法」の利点が失われてしまうので避けよう。バインダーはあくまでも仮の置き場と考えておくべきである。バインダーをはじめとして箱などにしまわれた資料は、そのまま死蔵する可能性が高いからである。

そして、コピー用紙に書きとめた内容で文章化する必要があるものは、必ずあとでパソコンに入力する。コピー用紙のままでは決して放置しない。

メモとノートの中間という位置づけは、最後まで変えないほうがよい。コピー用紙に書かれた内容を整理して、アウトプット用の情報へと加工しておくことが大切なのである。

本に線を引くときの注意点

本を読むときには線を引く。ここで重要なのは、どこに線を引くかである。著者が内容をまとめている箇所に線を引くのではない。自分のアウトプットの目的に合致したところに引くのだ。ここをまちがってはいけない。

たとえば、齋藤孝は三色ボールペンを使って本を読むことを提唱している（『三色ボールペン情報活用術』角川ｏｎｅテーマ21）。彼の方法論で、赤色は客観的にもっとも重要な箇所、青色は次に重要な箇所、そして緑色は主観的に興味を引かれた箇所である。ここで緑色のボールペンを使っているところが、私のいう線引きの箇所なのである。

また、あとから消せるように「フリクション」の筆記具か、もしくは鉛筆を使う。色は三色も必要はなく、黒一色で十分だと思う。そのかわり、私の場合は六段階に分けてチェックする。

①線を引く
②かぎカッコ「　」や二重カッコ『　』でくくる
③四角で全体を囲んでしまう
④ページの上の端を一センチメートルくらい折る
⑤線を引いた箇所やカッコのうえにマル印をつける。印にはほかに、○◎※

#などを用いる

⑥引き出し線を書いて、自分なりのメモを書きつける

この六段階を使い分ける基準は、とくに定めていない。本を読み進めてゆく間に、これは大事な点、これはおもしろい点などと、ひとりでにチェックの方法が分かれてゆく。

いったん読むのを中断してしまった場合や別の本になると、チェックに統一がとれていないことも少なくないが、それでもかまわない。一冊のなかで、おおよそ一貫性があるという程度でよいのではないかと思う。こういうところで完璧主義に陥ってはならない。

読みながら感想やメモを本に書き込むことは、きわめて効果的である。ただし、このメモはあくまでも一次情報を獲得することが目的であるので、本の内容を要約したりはしない。

新聞、雑誌から情報を得る場合にも、工夫が必要である。**読んだら、その場**

で色ボールペンを用いて記事を囲み、必要事項を書きつけるようにする。囲む内容の選択は、本について述べたことと同じ。そして新聞名、雑誌名、日付を書き込む。そのあとすぐに、ハサミでその箇所を切り取ってしまう。

電車のなかなどハサミを使えない場所では、チェックしたページだけ切り取って持ち帰り、残りは捨てて手持ちの量を減らしておく。

なお、新聞などは、まとめてあとで切り取ってもよい。切り取った記事は、長期的なメモの整理と同様に、クリアフォルダーで保管する。

新聞、雑誌にはおもしろい出合いが隠れているので、自分の守備範囲を広げるうえでは恰好の材料となるだろう。

ところで、雑誌に関しては、近年は読み放題アプリ「dマガジン」を使用している。したがって、切り取りはハサミではなくキャプチャだ。手間がかからないうえにかさばらないので非常に便利である。

ちなみに私は新幹線で移動するさいには、ふだんは読むことのない雑誌を駅の売店で購入して目を通すことが多い。リアルな雑誌だと、紙の質や印刷の色具合から、「無意識」と感性にかかわる領域に情報がインプットされる。

つまり、モノとしての雑誌に直接触れることにより、「意識」で内容を理解する作業とは別の働きを脳が行うのだ。これらはデジタルメディアでは得られないもので、小旅行の車中でアクセスするにはもってこいの情報なのである。

2

パソコンには大きな無駄がある

デジタルツールはどこまで必要か

インターネットの利用法など、デジタルツールであるコンピュータを用いた技術とパソコン上のファイル管理を指南しよう。

ここで重要な考えかたは、時間を搾取されることなく、こうしたコンピュータを使いこなすということだ。多くのビジネスパーソンは（大学生も）、必要以上の時間を無駄に費やしている。一見すると仕事をしているようでいて、まったく知的生産していない状態が生じるのだ。

コンピュータに何でもしてもらおうと考える人が多い。ここに大きな盲点がある。何でもしてもらえるようにもってゆくには、コンピュータをしっかりと仕込まなければならない。

その結果、大きな時間と労力を要するハメになる。多くの人は、ここに最大の時間とエネルギーの浪費があることに気づかない。最初に警鐘したいのは、コンピュータ依存が際限なく高まっている知的生産の現場である。

本節でも、中心的な考えかたは「目的優先法」である。**とくにインターネットなどのデジタル情報の取得にさいしては、目的優先という意識をしっかりと保持していなければならない。**

スマホとパソコンは、いまや日本じゅうに浸透している。ならば日本人全体の仕事の速度が上がってもよさそうなのだが、実際はどうだろうか。

それでも、パソコンをまだ使いこなしていない人は意外に多い。というより、新しく出たソフトや機能に追いまくられている人が、大部分であるように思う。

仕事場に入ってパソコンに向かっても、インターネットなどを消費する側にまわっているだけで、肝心の文章生産に向かっていない人も多い。

パソコンが電話やテレビに近づいた結果、次々と垂れ流される情報をただ受身でボーッとモニターで見ている時間は、当然のことながら、知的生産はまったくなされない。

パソコンを起動させたら、多くの人はまずメールを見る。ついでにブラウザに表示されたインターネットのページで、いま世界で起こっていることを確かめる。じつは、仕事の開始からまさに目的優先を忘れ、「他者に受身の姿勢」に陥っているのだ。

たとえば企画書の文章を書くことは、きわめて能動的な活動である。頭がアウトプットの方向にアクティブに働いていなければできない。よい文章を書くことは、よい仕事のスタートと密接に結びついている。したがって朝いちばんの行動に、まず注意を払ってほしい。

ではどうすればよいか。「目的優先法」に基づいた処方箋《せん》は、自分の仕事に必要な範囲を限定することである。

水とコーヒーをイメージしてみよう。前者は生命維持に必要なものであり、後者は嗜好品《しこう》。あればうれしい、良質ならなおありがたいといった類のものだ。私の場合、デジタルツールは「コーヒー」である。便利で重宝しているツールではあるが、アナログでも代替可能だ。

たとえば八二ページで取り上げた紙の手帳は、私にとっての「水」であり、時間管理の生命線だ。しっくり手になじみ、自分の字で今後なすべきことをイメージでき、パラパラとめくれば過去にしたことや、そのときの状況まで詳細によみがえってくる。

他方、「iPad」のスケジュールアプリはコーヒーだ。予定の時間が近づいたら通知音が鳴るのは便利だし、周囲が私の予定を把握できるデータ共有機能もありがたい。つまるところ、ないよりはあったほうがいいというオプショナルなツールである。

書籍にも同じことが当てはまる。前述のとおり、私は本に大いに書き込みをする。それによって読んだ内容が血肉となり、クリエイティブな発想の源泉となる。したがって、紙の本は水といえる。研究にかかわる資料をはじめ、個人的な愛読書もすべて紙の書籍だ。

電子書籍はコーヒーとして利用する。雑誌はすべて前述の「dマガジン」で読む。月々一定額を払えば、あらゆる雑誌の最新号が読めて非常に重宝だ。

だが、ときどき運営元が「もう何百円か払えばこんな便利機能がついてきます」といったことを知らせてくるのが玉に瑕《きず》だ。私はその誘いにはいっさい乗らない。便利さはすでに十分に享受していて、それ以上は求めていないからだ。

コーヒーは、追うべきものではない。嗜好品には依存してはいけない。デジタル技術を使いこなすコツは、「足《た》るを知る」ことだ。いまでも十分に機能している場合は、それ以上には便利さを追求しない。そして、人間は「足るを知ることがいちばんむずかしい」ことも知っておく必要がある。

この手の誘いについつい乗ってしまう方々は、自分のなかの水とコーヒーを、一度「棚卸《たなおろ》し」してみよう。生きるために絶対に必要なもの、あればうれしいもの、なくてもよいもの。自分の価値観に照らし合わせて、無駄なコーヒーはできるだけカットしてゆくことが大切だ。

「最新」に潜むリスク

ふと思い立ったアイデアの記録、文書や画像の保存に、「Evernote」や「Dropbox」などのクラウドアプリを使用する人が多い。しかし私はその必要性をまったく感じていない。

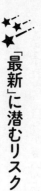

これらの役割は、毎日使うメールソフトで十分に事足りるからだ。メールで行った通信内容は、身のまわりにある情報の集積である。これを使いやすいストックとするのである。

たとえばメールの検索機能では、名前やサブジェクトですぐに必要なメールを探し出すことができる。名前には、住所や電話番号などの連絡先が付随して出てくる。仕事内容をキーワードから検索すれば、必要な情報がすぐに取り出せるのだ。

私は仕事に関係する情報は、関連する人の名前ごとにフォルダーをつくって、一括管理するようにしている。受信メールも送信メールも一元化して扱うのだ。ほとんどすべての情報を、その人に属する情報として、メール上で活用するのである。

自分のメールアドレスにメモを送る方法もよく使う。たとえば、外出先で何かおもしろいことを考えついたときに、携帯メールで自分宛てに内容を送っておく。こうすれば貴重なアイデアが消えてしまうこともなく、パソコン上に保存される。

この方法はもっと発展させることもできる。メールの検索機能を活用して、メモや原稿も自分宛てのメールにテキストとして書き込んでおくのだ。

こうすれば、自分が書いた文章をサブジェクトでも本文でも、メールソフト上で簡単に検索できる。しかも、このメールを仕事場と自宅の両方のメールアドレスに送っておけば、どちらでも仕事が可能だ。

手持ち情報を一元的に管理できるという意味では、メールは最強の武器なのである。巷《ちまた》には、パソコンを使うさいのコツというものがあふれている。みなさん自慢のテクニックを披露しているが、私にいわせれば必要以上にややこしくしている。案外とパソコンに費やす時間が、知的消費に陥っているのである。

私の経験では、実際に使ってみて効果があるテクニックは以下の二つであり、しかもこの二つだけで十分だと断言したい。

①パソコンについているいちばん簡便な検索機能で、全データを瞬時に文字検索できる。

②保存してある情報はすべてデータベースとして活用できる。これらを用いてコピー&ペーストすることで、次のアウトプットを簡単に行うことができる。

おそらくメールとインターネットのブラウザだけがあれば、パソコンの用はほとんど足りるのではないか。あとは、人からもらった文書や映像を見たり加工したりするために、いくつかのソフトがあれば、ちょっとは便利というだけなのである。

知的消費のオモチャをパソコン上にたくさん並べて、知的生産の効率を下げてはいけない。

プレゼンテーション用の無駄を断捨離する

プレゼンテーション用ソフト「パワーポイント」や表計算用ソフト「エクセル」はたいへん便利であるが、ここにも盲点が潜《ひそ》んでいる。

きれいなスライドや図表をつくりあげると、もうそれだけで十分に仕事をした気になってしまう。事実、アッといわせるものをつくるには、際限なく時間がかかる。思いあたる方もいらっしゃるだろう。

しかし、それだけ時間と頭を費やしても、情報としては何も付加されたわけではない。趣味といってもよい作業に大事な時間を浪費していることに気づかない人が、なんと多いことか。

私はパソコンで論文を書きはじめるようになった最初の世代にあたる。NECのPC98という機種（現在は博物館に陳列されている）で「松」というワープロソフトを使っていた。

その後、たくさんの種類のソフトが出まわり、私のまわりの多くの研究者は、次々と乗り換えていった。ソフトを換えるだけでなく、バージョンアップしていたのだ。しかし、私はそのような行動はとらず、博士論文を書き上げるギリギリまで「松」を使った。

当時、私ほどこのソフトを使い倒した人間はいなかったかもしれない。なぜなら、ソフトを換えることによる時間の浪費を恐れたからだ。「松」を使って一本でも多くの学術論文を書き上げることに、全精力を費やしたのである。

この戦略はまったく正しかった。だからそれ以降も、いったん使いこなしたソフトは、よほどのことがないかぎり、とことん使ってみる。

そのほうが、そのソフトのもつ潜在能力に習熟することができるし、何よりも、乗り換えにともなうタイムロスを激減させることができるからだ。

デジタルネイティブに追いつかなくていい

私は原則的にクラウドを使わない。その理由は二つある。

一つは、電気とＷｉ‐Ｆｉが信用できないこと。巨大地震などの大災害が起これば、これらのインフラは即座にダウンしてしまう。東日本大震災以降、日本の地殻変動は激しさを増し、地震と噴火が起こりやすくなっている。

火山学者としてまちがいなくいえるのは、そう遠くないうちに三つの大災害が起こるということだ。首都直下地震、富士山の噴火、そして二〇三〇年代には南海トラフ巨大地震である（拙著『首都直下地震と南海トラフ』ＭｄＮ新書を参照）。

南海トラフ巨大地震では六〇〇〇万人が被災すると予測される。これだけ甚大な被害ともなれば、電気や通信機能はダウンするだろう。当然、しばらくはデータが見られない。復旧後もデータが保持されているかどうか、非常に心もとない。

もう一つの理由はセキュリティだ。データ流出の可能性が一〇〇パーセントないとはいいきれない。やはりデータは手元で管理しておくのがいちばんだと思う。

そう考える私だが、まったくクラウドと無縁なわけではない。前述のとおりスケジュールは手帳のほかに共有用のアプリを併用するし、執筆原稿も媒体によっては「Dropbox」にアップするかたちをとっている。

ただし「Dropbox」は、私自身はあまり使わない。こちらからはメールで送って、編集サイドでアップロードしてもらうことが多い。ある意味、「デジタルに精通していないオジサン」という体裁で、若い世代に助けてもらっているといえるかもしれない。

「エクセル」に関しても同様だ。のちほど詳述するが、採集した岩石のデータ管理もアナログがメインだ。並行して行う「エクセル」の表作成は、学生や院生にまかせる。私は表の体裁と構成要素を考え、若い人たちがそれにしたがって作成・入力する。

ここでは双方が役割を分担し、互いに必要な存在となる。仕事を効率的に進めるもっともよい関係だと思う。

ちなみに、上の世代の人びとはしばしば、「自分はパソコンが使えなくて……」と悩むが、デジタルネイティブ世代に追いつこうとあくせく勉強する必要などない。その知識は、本質的な知的生産にはほとんど不要と思ってよい。むしろ新しいソフトウエアに惑《まど》わされて、貴重な時間を浪費してしまう。

第1章では、ギリシア語やラテン語を学ぶことは無駄な知的消費になりうると諌《いさ》めたが（二七〜二八ページ）、現代風にいえばデジタルツールがその最たるものとしてあげられるかもしれない。

無理に若い世代の真似をしなくてもよい。こちらは目的と方向性を示しさえすれば、彼らに実行してもらえる。極端な話、できることもできないフリをするくらいが上の世代にはちょうどいい。作業は慣れた人にまかせ、自分はその間クリエイティブな仕事に打ち込む。これも非常に合理的な判断ではないだろうか。

デジタル弱者でも使ったほうがいいこと

デジタルネイティブの話をしたが、その反対のデジタル弱者でも使ったほうがいいことがある。オジサン世代（オバサンを含む）は、あまりにも簡単なことで失敗するので、老婆心ながら書いておきたい。あまりにもポピュラーな方法なので、知っている人はもちろん読み飛ばしてほしい。

パソコンを使ううえでもっとも重要なことがある。人間はミスをする可能性があるので、書いた文書はつねに保存する習慣をつけることだ。

私の場合は、文章を少しでも書いたらただちに保存キーを押す。ショートカットキーで「コントロール＋S」と押せば、たいていのパソコンで文書を保存してくれる。

この習慣は、コンピュータにいつトラブルが発生してもいいようにしておくことにもつながる。先ほど述べたように、南海トラフ巨大地震にしろ首都直下地震にしろ、停電は突然やってくるのだ。だから私は文章を書いたら、反射的に保存キーを押すようにしている。

さて、パソコン本体とは別個に、外づけのハードディスクにデータのバックアップをとっておくことも忘れない。内蔵のハードディスクだけでは危険だからだ。私は二台の外づけハードディスクを使っている。本体と外づけハードディスクのすべてがクラッシュする確率は、きわめて低いはずだ。

バックアップは思い立ったらやっておくというのではなく、定期的にしておくのが望ましい。できれば毎日こまめに(たとえば、夜寝る前)行ってほしい。それがむずかしければ、少なくとも週のはじめの昼休みにまとめてやっておくなど、日時を決めておくとラクである。

さて、パソコンにはショートカットキーというものがある。マウスを使わなくても、キーボード上で機能を呼び出す裏技だ。

決してすべてを覚える必要はないが、ウィンドウズの場合、「コントロール＋S」(保存)、「コントロール＋C」(コピー)、「コントロール＋V」(貼りつけ)、「コントロール＋W」(閉じる)、「コントロール＋A」(すべてを選択)、「コントロール＋Q」(終了)、「コントロール＋Z」(もとにもどす)、「コントロール＋X」(切り取り)、「コントロール＋P」(印刷)、「コントロール＋N」(新規作成)は知っておくとよい。

これらのショートカットキーを使えば、確実に能率が上がるだろう。しかし、もっと大切なことは、ただ知っていることではなく、毎日使いこなすことだ。デジタル弱者のオジサン(オバサン)たちは(私もそうである)、あきらめないで、追いつけるところから追いついておこう。何よりもアタマが活性化する。これも知的生産への早道なのである。

ホモ・サピエンスとしての「自然」とは

次々に更新されるツールや機能に流されるなかで失うのは、時間だけではない。「好奇心」も確実に磨滅してゆく。人間という生物は、じつは新しい情報にめっぽう弱い。外から降り注がれる刺激にたやすく反応し、そのつど刺激に対する感受性が鈍麻してゆく。

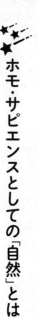

人間の身体はかれこれ三十万年ものあいだ、まったく変化していない。三十万年とはすなわち、ホモ・サピエンスの歴史である。

誕生した三十万年前にはネットはおろか電気もなかった。当時の生存の条件は、生命を維持できるだけの食料と水、寒さに耐えうる衣服、雨露をしのげて外敵から身を守れる場所を確保することのみだった。その生活も厳しいものであったにちがいないが、現代の過剰な供給もまた問題だ。当時の人体をそのままもっている私たちにとって、現代の便利な道具は不自然なものなのだ。その意味で、人間は必要最低限のものを用いて生きるのがいちばんだ。生きてゆくために必要なものは必ず確保し、加えて、社会生活上必要なものを小さく取り入れてゆくのが望ましい。

そのどちらの「必要」にもまったく当てはまらない行動を、現代社会は次々にうながしてくる。ネット検索はその典型だ。ネットサーフィンにはまると、時はどんどん過ぎてゆく。目的をもって検索するときでさえ、つい脱線して時間を浪費することがある。

対策は、時間を区切ること。キッチンタイマーを使うのもよいだろう。また、検索でヒットするサイトは玉石混交《こんこう》なので、そのなかから選別するための時間がかかることを念頭に置いておかないと、検索だおれとなってしまう。これも盲点の一つといってよい。時間管理には十分なほどの注意が必要である。

検索した結果は、画面ごとに保存しておく。このさい、あとで調べやすいように、表題をファイルにつけておく。またこれとは別に、有用な情報が見つかったら、あとですぐアクセスできるようにしておくことも大事だ。

たとえば「ワード」やテキストエディタなどを立ち上げて、重要な文章などをコピー&ペーストしておくとよい。ここでは必ず、引用したサイトのアドレスも打ち込んでおこう。さらに、表題をファイルにつけておくことも肝要だ。あとで探しやすくするためである。

もう一つ、必要最低限に抑えておきたいのがSNSだ。私が利用しているのは「フェイスブック」のみ。それも、レビュアーとして参加している書評サイト「HONS」のプラットフォームになっているので、必要に駆られて入ったかたちだ。

なお、「フェイスブック」では、自分がネットに書いた記事や講演会の案内なども発信している。一方で、「ツイッター」は発信には使わない。「ツイッター」は必要性を感じないわけではないが、文字数が少なすぎる。よって、情報の発信は「フェイスブック」と自分のホームページに限っている。

一方、「ツイッター」については、いま話題のキーワードで検索をかけながら、必要な情報をリアルタイムで得るために使う。たとえば私の専門である活火山の噴火情報は、「ツイッター」からほぼリアルタイムに入手している。

「LINE」は、それ以外で連絡がつかない相手とのあいだだけで使うが、正直なところあまり得意ではない。「既読」のシステムが、他人から追いかけられている感覚を起こさせるからだ。だから周囲のみなさんには、「私への連絡は原則メールで」とお伝えしてある。

世の中が便利なものに飛びついた瞬間、個人の立ち位置は狭くなる。あえて「いまどき」に少々逆らって生きることが、自分を「摩耗させない」大切なコツなのである。

写真は撮り終えてすぐ「取捨選択」

写真の整理に関しても述べておきたい。火山学のフィールドワークの現場では、ひたすらシャッターを切りまくる。その場で確認して、写りの悪いものはどんどん消す。

使用機器はスマホではなく、「iPad」の内蔵カメラを使う。ちなみに私は、スマホをもっていない（いまのところ）。音声電話は昔ながらのガラケー。昨今、通話機能を使うのは緊急の用事と決まっているので、これがカバンのなかで鳴っていたら出張中でも急いで出る。

メールでくる用事にはそこまでの緊急性はない。現場にはノートパソコンをもっていかないので、「iPad」がその役割を果たす。メール、ネット、写真に動画撮影と、かなりの大活躍だ。

いうまでもなく、デジタルネイティブの方々は、そのとき、その場で、もっとも効率のよいデバイスを活用してほしい。そのポイントは、自分に与えられた仕事と環境において、ベストの機材で臨むということだ。ここであまり人の意見に耳を傾けると、それこそが時間の無駄となる。

撮った写真はできるだけ早く整理し、日付と内容をファイル名として記入

しておく。私が火山学事始めをしていたフィルム時代と違って、いくらでも撮れる。撮影量が何十倍にもふえたので、写真の管理にずっと時間を食う。

その意味でも、撮影してから時間がたたないうちに整理するのが望ましい。時間がたってからでは記憶が薄くなるので、余計な手間がかかる。とにかく、帰ったらその日のうちにパソコン（デスクトップ）に落とすのが鉄則だ。

そして、パソコン経由で外部のストレージ（記憶装置）に移すことで、内蔵のハードディスク容量は最大限に空けておく。

ちなみに見事な写真を撮ることで有名な世界的な火山学者から、「写真がうまくなる極意はただ一つ。たくさん撮ること」と教わったことがある。たしかにプロフェッショナルのカメラマンは、アマチュアには考えもつかないほどおびただしい数の写真を撮る。私も四十五年の研究生活を通じて、それは真理であると断言したい。

だからこそ、撮った直後のセレクションが大事なのだ。撮り終えてすぐに選ぶ。そうすれば被写体に関する五感が残っているうちに、自分がもっとも表現したいコンテンツや感性を残すことができるのである。

「動画で学ぶ」は意外に非効率

私が撮影するのは九割がた静止写真で、動画はあまり撮らない。地質学者には岩石や地層に「動き」の情報は必要ないからだ。逆に、火山の噴火や波のうねりなどは動画で撮る。これは大学の授業でも必ず学生に見せるようにしている。

ちなみに私は教授法研究のために、自分の授業や講演を動画で撮影して使っている。自分がどのように人前で話しているのかを詳細にチェックするには、もっとも強力な武器となるからだ。

そこで最近気になるのは、本来必要のないことまで動画で学ぼうとする若者がふえていることだ。

茶道や武道、踊りや料理など、動きを学ぶものは動画がいちばんだが、動きをともなわない知識を伝える動画は、思考をとめると私は思う。なぜならその内容ではなく、話している人を見てしまうからだ。静止画のほうが本質的な情報としてはノイズが少なく、ダイレクトに伝わる。

ビジネスでも同じことがいえるだろう。ビジネススキルを動画で学ばせる研修などが昨今ふえているが、「プレゼンのコツ」「ビジネスマナー」「部下育成ロールプレイ」ならともかく、「素読《そどく》のしかた」まで動画で学ぶ必要はない。

ビジネスシーンの情報は、文字で書き表せる「静止画」が中心だ。文字情報なら同じ行を何度も読み返せるし、書き込みもできる。よって動画は、学びやビジネスにおける情報としては少し感覚的すぎるのではないか。

逆に、趣味などに活用するのが向いているといえる。多くの人が「YouTube」や「TikTok」に投稿しているのはまさにそれだ。子供や孫の動画を撮って家族の楽しみにするのもいいし、旅行に行ったときの感動を伝えるのにも最適である。

すなわち、ここでもそれぞれの目的に即して、それに合うツールを真剣に選択する意識をもつことが何よりも大切なのである。

なおデジタル時代に必要な勉強法に関しては、『新版 一生モノの勉強法』（ちくま文庫）にくわしく解説したので参照していただきたい。

3 「人脈をつくる」だけではダメ

橋渡し法 フレームワークを合わせる

情報は決して、文字資料や映像資料からしか得られないものではない。人から直接得られる情報、コミュニケーションを通じて獲得できる知見は、同様に重要な資料となる。

だからこそ、人的ネットワークに対する戦略が必要なのである。たとえば対人関係にも理系アタマ的な方法があるというと、みなさんは驚くだろうか。この仕組みに関して、最初に心理学の考えかたを紹介しよう。きわめてクールな見かたで、対人関係の基本となるものだ。

人間どうしのコミュニケーションには、考えかたの土台や枠組みといったものが大きく左右する。「フレームワーク」と呼ばれるもので、だれでも固有のフレームワークでものを考えている。

フレームワークの合う人どうしは話が通じやすいし、異なるフレームワークの人とはなかなか理解しあえない。フレームワークというのはその人なりの固定観念であり、人生観や文化をも含むようなものだ。

そのフレームワークのすりあわせを行うところから、対人関係は始まる。このことを心理学では〝認知論〟という。人がものを認識する方法を扱う理論というわけだ（拙著『京大理系教授の伝える技術』PHP新書を参照）。

認知論のポイントは、フレームワークの橋渡し（インターフェース）を上手に行うということにある。ここでは「橋渡し法」と呼んでおこう。

複雑な人間関係を複雑なままにとらえずに、フレームワークだけを見て単純化する。次に、フレームワークの異なる者のあいだに橋渡しをすることに着目する。つまり、フレームワークそのものを変えようとはせずに、あいだにある橋渡しのみを扱おうというのだ。これが「橋渡し法」のポイントである。

ところで対人関係とは、目の前にいる人とのあいだでのみ発生する具体的な現象である、という見かたがある。「対人」というときの対象を、自分と相対している一人に限定するのだ。

逆にいえば、その場にいない人とは、対人関係という概念から外れるということである。いま現実に向きあっている人物とのあいだで、良好な関係をつくりあげることが大事なことなのだ。

たとえば、非常に意地悪な人がいたとする。まわりにいる多くの人に、イヤなことばかりしていて嫌われている。ところが、そのような人でも、一人くらいは仲のよい友人がいるものだ。

この友人と当人とのあいだでは、よい対人関係ができているといえる。たとえ周囲の一〇〇人といがみあっていたとしても、この友人と会って話をしているときだけは、その人はふつうにいい人である。友人には決して意地悪をしない。〝対象を限定している〟とは、このようなことを指す。

つまり、その人は友人とのあいだでのみ、良好な対人関係をつくる方法をもっているわけだ。その人と友人とは、フレームワークを共有しているのである。

もし仮に、その意地悪な人と対話をしたいと思うなら、あなたが仲のよい友人のマネをすればよいことになる。つまり、友人とその人とが共有しているフレームワークを、あなたも採用すれば対話は可能となるのだ。

そうすれば、その人は自分の意地悪な性格をいっさい変えなくても、あなたと仲よくなることができる。このような〝対人関係の技法〟も、理系的人間関係の極意なのである。

「心の無駄づかい」をやめる

次に、〝問題の分離〟というコツを紹介したい。たとえ意地悪な人ではなくても、他人と長いあいだつきあうのは、骨の折れることである。この骨折りを回避する方法がある。

極端なことをいえば、なにもその人と一生つきあわなければならないのではなく、場合によっては当面だけ、仲よくいっしょに仕事を進められれば十分なのだ。この場合、何がいま必要な問題であって、何が必要ないことなのか、その問題をはっきりと認識することが大事となる。いいかえれば、当面の問題ではないことは切り捨てて、いま必要なことだけを満たすのである。

ふつうは、よい人間関係をつくろうと思うと、なんでも相手と合わせなければならないと思ってしまう。だから、いま必要な問題ではない余計なことまで解決しようとする。

それではエネルギーがいくらあっても足りなくなる。もっとも重要な問題は何かをつきつめて、それに関してだけ成果を上げるようにするのだ。

〝問題の分離〟ができるようになると、抱えている仕事は思っているよりも軽いことにしばしば気づく。なんでも抱え込まなければならないと思っていたその気持ちこそが、じつは最大の課題だったのだ。

問題の分離は、理系的アタマの人間が使う、よく切れる刃物である。上手に使えば、人間関係がじつに簡単になり、気分がラクになる。

最後に、人とつきあううえでのテクニックに関することを述べておきたい。よいコミュニケーションがとれていることを実際に確認する方法である。

自分のいっていることが相手にきちんと伝わったときに出るささやかなサインがある。相手がクスッと笑ったり、体が動いたりしたときだ。ボディランゲージの一種である。

こういった行動が発生したとき、コミュニケーションはたしかに良好にとれているはずだ。

これを心理学では〝認識反射〟という。認識反射を相手が出すかどうかをよく観察しながら、自分の意見をゆっくりと述べてゆくのである。

これと反対に、認識反射がまったく出ないのに、滔々《とうとう》と自分の話ばかりして

も相手には伝わらない。目の前の人は、ただ苦痛なだけである。必ず相手の行動をよく見ながら、言葉を選んだり、話のスピードを決めたりしなければならない。

これに関して、相手に認識反射を出させるためのテクニックを紹介しよう。要は、相手が言ってほしいことを、ひと言でまとめて返すと相手は認識反射を示す。自分でもよく認識していなかったことをズバリと言われると、人はうれしいものだ。

とくに、相手のよい点を見つけて言葉にしてあげるとよい。自分の長所を人から聞かされれば、認識反射はおのずと出る。あえて文系的にいえば、「ほめる技術」だろう。

美点をひと言でうまくまとめるためには、キーワードをつくるとよい。ひと言を〝ラベル化〟するのである。その方法としては、相手の発する言葉のなかから、くりかえし出てくるフレーズをピックアップする。

ここには相手のもっとも関心のある内容が含まれている。それを相手にリターンするのである。こういった努力から、良好なコミュニケーションが築かれてゆく。

このような方法は、世間的に相手がどんな人であっても、まったく関係なく実践することができる。ポイントは、いまここに存在する相手と自分のあいだに、どんな人間関係を構築するかだけなのだ。

目の前にいる相手の姿だけに限定して、努力を傾けるという意味がここにある。よそで相手がどんな行動をとろうと関係ない。いまここで良好なコミュニケーションをとるという課題を厳密に設定して、そこに全精力を集中するのである。これが理系的な人間関係の処方箋《せん》である。

「親友」と「天敵」のあいだに人脈あり

人づきあいのコツに「二対七対一の法則」がある。この法則は自分の周囲にいる一〇人を分類し、人とどう接したらよいかを指南するものだ。

一〇人のうち二人は何でも話すことができ、ケンカをしてもほどなく仲直りできる。いわば生きかたや価値観が近い人であり、「親友」といってもよい。

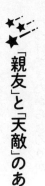

次の七人は、失礼なことを言っては人間関係が崩れるが、礼節をわきまえてていねいにつきあえば何の問題もない。仕事や勉強を共同で行う相手で、ビジネスの現場ではいちばん多い。

さて、最後の一人は、こちらがいかに対応してもうまくいかない。相手に対してよかれと思って行動しても、裏目に出て文句を言われる。何をやっても誤解され、ことごとく失敗する。「天敵」といっても過言ではないが、それは相手にとっても同じで、向こうも「イヤな奴」と思っている。

こうして周囲の人を分類し、つきあいかたをそれぞれ変えるのである。親友みたいな二割の人とは、つねに良好な関係を保てるから、何もしなくてよい。会えば楽しいので、いまのままつきあおう。

そして、人づきあいのエネルギーは、残りの七割の人に費やすのである。相手のことをよく考えてスケジュールを調整し、言葉遣いにも気をつけよう。自分がきちんと対応すれば、相手もそのように接してくれる。

講義でこうした話をすると、多くの京大生が最後の一割をたいへん気にしていることがわかった。つまり、自分につきあえない人がいること自体を、真剣に悩んでいるのだ。おそらく小学校以来、「だれとも仲よくしなさい」と言われつづけてきたからだろうか。とくに個性が強い若者ほど、一割の人の存在が心に刺さってくるようだ。

私は、だれにとっても一割があるほうが自然だと思っている。自分とはウマが合わない人は、どの社会にもいるものだ。実際、配偶者はこうした一割からは選ばない。

どんなにエライ人でも、みんなから好かれる人であっても、合わない人とつきあうのは苦痛以外の何ものでもない。よって、不幸にして出会ってしまったら、「敬して遠ざけ」よう。その人の存在を遠くから認めつつ上手に距離を置く。

そして、一割の人をなんとかしようとする「無駄なエネルギー」を、七割に向けるのである。七割の人こそが仕事を円滑に進め、自分の人生を切り拓いてくれるからだ。よって、職場では遅刻してはならないし、礼儀正しい態度が大切なのである。

ちなみに講演会で、「一割は最初からいないものとして忘れてよい」と言うと、受講者は一様に「ストレスが一気に減りました」と安堵《あんど》する。元気になった彼らは七割の人たちと、よりよい関係を築くだろう。

この法則は最初のビジネス書（『成功術 時間の戦略』）で紹介したのだが、いままで
も増刷を重ねており読者からの反響が少なくない。「親友」と「天敵」のあいだ

に人脈があることで、自分の人づきあいを点検していただきたい。

インタビューの前に準備する

対人関係をともなう情報収集の手段として、インタビューがある。この技術にはアポイントメントのとりかた、開いた質問と閉じた質問のしかた、テープ起こしの技法、特ダネを得るための準備などがある（「開いた質問」とは答えの内容を具体的に求める質問、また「閉じた質問」とはイエス・ノーで返答する質問である）。

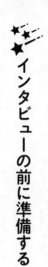

これまでに述べた方法論と根は通じているのだが、ただやみくもに情報と資料を集めるのではなく、最終的なアウトプットをつねに考えながら質問するのがカギである。

こういうときには、その道のプロから学ぶのがいちばん近道だ。名うてのインタビュアーである永江朗（一九五八〜）の提案する方法を、ここでは活用してみよう。

まず人と会う前には、その人の著書や新聞・雑誌の記事を集めて相手の仕事を把握しておく。また、インターネットでこれまでの発言を調べておくのもよいだろう。実際に面と向かう直前まで、相手を知ることに時間と労力を費やす。インタビューの成否は、事前にどのくらいよく準備していたかで決まるのである。

（略）誰にインタビューするかが決まったら、何を聞こうかと考えなければならないし、考えるためには編集者との打ち合わせやインタビュイーやテーマに関する下調べも必要だ。（中略）

インタビューでは聞き手・話し手双方の総合力が試される。（略）

（永江朗『インタビュー術！』講談社現代新書、三五～三六ページ）

次に大事なことは、インタビューから新しく何を汲み取ったかである。インタビューの内容を文章化するさいには、書き手のオピニオン(意見)と個性が入っていなければならない。すでに知られていることをまとめなおすだけでは、意味がない。そのためには、鋭い批評精神が必要となる。

インタビューに毒がないのも気にいらない。インタビュアーも話し手も、「よかった、すばらしかった」「ありがとう、ありがとう」の大合唱ではつまらないではないか。(中略)インタビューには不協和音も必要だ。(中略)批評性が欠如したインタビューがあまりにも多い。

(永江朗『インタビュー術!』講談社現代新書、三四ページ)

そして、最後にどう文章にまとめるか。ここでインタビュアーとしての自分のオリジナリティを存分に発揮できる。これについては、後述(第Ⅲ部)の文章の作成法を参照していただければと思う。

第Ⅱ部

アイデアが無理なく出るには——クリエイティブは断捨離から

第4章

無駄だらけのデータをやっつける

イタリアのナポリ中心部にあるホテルから見た朝の風景。ナポリ湾の向こうにヴェスヴィオ火山が見える。古代ローマの都市ポンペイを埋積させた活火山として世界的に有名である。

1　「役に立たない資料」を見抜く

なんでも記号化してしまえ！

第Ⅱ部からは、理系的アタマの「整理」と「発想」のしかたに話を移していこう。クリエイティブな知的生産をめざすためには、とても大事な準備である。

整理と発想の最初にあたる本章では、データの整理について述べてゆく。

せっかく集めた資料やデータも、そのままでは役に立たない。取得したデータを取り扱いやすいものに加工し、やはり机の上で全部を〝見渡せる〟ようにする必要があるのだ。

このあたりは、理系がもっとも得意とするところである。自分にとって使いやすいシステムをいち早く確立するが勝ちなのだ。本節では、理系人が得意な〝記号化〟に関して、一般的にも役に立つテクニックを考えてみたいと思う。

資料やデータに対しては、まず置いておく場所を用意する。私の場合、火山のフィールド調査で一〇〇個近い岩石を採ってくることがある。これを管理するための収納庫をまず確保しなければならない。植物や昆虫などの研究で実物を集めてくる人も同様だろう。また、商品リサーチの現場でも役立つはずだ。

最初にすべきことは、順番をつけてラベルを貼ることだ。本書の冒頭で真っ先に紹介した「ラベル法」（二一ページ）が、ここでも活かされる。

私の場合、まず採取した順番どおりに岩石に番号を打つ。通しのサンプル番号である。その後、どこで採取したなんという岩石かといった、くわしい情報を書き足してゆく。

実際には、岩石に直接、これらすべての情報を書き込めないので、岩石には番号だけを油性ペンで書いてゆく。ペイントマーカーというペンキの顔料が入ったサインペンを使うこともよくある。

それが終わったら、ノートや紙片に先ほどのくわしい情報を記入するのである。モノを集めるような仕事では、この最初のプロセスに対して効率的なシステムをもっているかどうかで、あとの作業に雲泥《うんでい》の差が生じてくる。

番号をふられた岩石は、地質業界で〝モロブタ〟と呼ばれるプラスチック製のトレイに入れる。幅四〇センチメートル、長さ七〇センチメートル、深さ一五センチメートルほどの軽くて丈夫な入れ物である。蓋《ふた》がついていないので何段にも積み重ねることができる。また持ち手があるので、岩石を入れたまま両手で運ぶことも可能だ。

一枚のトレイには、拳《こぶし》大の大きさの岩石（手標本という）が二〇～三〇個くらい入る。このようなトレイ一〇枚くらいと、それを積み重ねておけるスペースを、調査に出かける前にあらかじめ確保しておくのである。

ここで大切なことだが、トレイにもひとまず番号順に入れておく。つまり、なんらかの種分けをしてからしまうのではなく、そのままの順番で入れるのである。採取した時系列でとりあえず並べておくのが、時間短縮のコツだ。

トレイの数がふえてくれば、トレイにもT1、T2、T3というように番号をふっておく。たとえば、T1には通し番号で1から30までの岩石が、T2には31から60までの岩石がというように、整然と並べられることになる。岩石でもトレイでも、同じような種類のモノにはとにかく番号を打っておく。これこそ、データ整理にさいして理系人が最初に行う仕事なのである。

理系的な方法論では、なんでも記号化することに重点を置く。個別の属性を無視して、番号や記号に一般化するのだ。この方法が、岩石の整理という比較的原始的な作業にも貫かれているというわけだ。

「ラベル法」の真骨頂《しんこっちょう》はここにある。

★★★とにかくアタマを軽く！

すべてを記号化するというのは、自然科学の根底にある考えかたである。元素記号でもなんでもそうだが、この行為が、その後の作業効率をグンとあげることになる大切な第一歩なのである。

いいかえれば、いっさいの固有名詞を取り去ることになるが、理系人はこれを当たり前のように行う。ここで文系人は、しばしばたいへんな違和感をもつ。でも、ここが辛抱のしどころだ。

番号づけという記号化が完了すると、そのあとでは個々の岩石をいちいち取り出す必要がなくなる。Ｔ１の№15というように、番号だけでその後の記録を進めることができる。いかにも非情な理系的システムではないか。すでにインデックスができているようなものなので、管理が非常に容易になるのだ。

いちばん大事なことは、机上で、番号だけを用いて作業を進められる点にある。番号によって抽象化された岩石の集合が机の上にあり、もし必要が生じたら、番号からもとの試料（岩石は「試料」、文献は「資料」と書く）を簡単に取り出すことも可能となる。

総計で何千何万という数になる試料を扱うには、これしか方法はない。

さて、ここまでシステムをきっちりとつくってから、個々の岩石の属性を記録しはじめる。一個一個手にしてよく観察しながら、色、構成鉱物、変質状態などを、ノートに書き込んでゆく。

このさい、番号を縦に並べ、記述項目を横に並べた表（マトリックス）を最初に一枚つくる。この表に個々の詳細事項を書き込んでゆくのだ。構成鉱物も「ア」「イ」など文字数の少ない略号を使うとよい。

たとえば、岩石が劣化してゆく変質状態を表すのだったら、変質は「×」、未変質は「○」というように、ここでもシンプルに記号化する。こうしてマス目の空いた箇所を、すばやく埋めてしまうのだ。

もちろん記号は、あとで自分がわかるものであればなんでもよい。とにかくもとの情報にたどれるようにしておきさえすれば、多くの部分を簡略化できる。これで岩石の第一次情報の記録が完了するのである。

くりかえすが、記号化、ラベル化は理系的アタマの根本にあるテクニックで

ある。矛盾のないシステムさえつくってしまえば、際限なく記号化を進めることが可能となり、思ってもみなかった利便性が生まれる。

記号化する最大の利点は、まず文字数が減ること。形式的な情報は、少ないに越したことはない。これによって、アタマの使用メモリーを減らすことができる。その結果、空いた頭脳の領域で次の仕事に集中することができる。

理系のアタマの使いかたは、多くの事実を覚えないでおくことに特徴がある。そのようなシステムをすぐにつくろうとするのが理系人だ。

前に述べたスケジュール管理についてもそうであり、たとえば今回のように、たくさんの固有名詞から成る情報をすべて抱えておくのは得策ではないと考える。自分のアタマのメモリーを、事物の記憶なんぞに使うのはもったいない。多様な現象から本質だけを抜き出して式に書いてしまえば、余計なことを覚えなくてすむのだ。

たとえば、「$E=mc^2$」で世界のすべてが記述できるというアインシュタイン（一八七九〜一九五五）の発見した物理の公式がある。宇宙にある物質のもつ質量（m）は、すべてエネルギー（E）に変換することができるという意味である（cは光速）。

これなどはきわめて理系的な世界だと思う。こうすると、わずかな記号と数字を覚えるだけで、自分のアタマを軽くすることが可能になるのだ。岩石そのものや商品サンプルを記号化して収納しようというのも、発想はまったく同じだ。この方法を、ぜひ読者も試してみてはいかがだろうか。

2 本を「文房具」として使い倒す

自分だけの検索機能にカスタマイズ

前節で述べた記号化とラベル化が完了したあとは、クロスレファレンス（cross-reference＝相互引用）のシステムを作成しよう。

データを互いに導き出せるようにする方式で、異なる概念のどこからでも情報を探しあてるようにするのだ。これはすでに述べた「一望法」（五三ページ）の応用編である。

効率的にアウトプットを行うためには、入手した大量の資料のなかから必要な箇所をすぐに見つけ出せることが重要となる。そのためには、いま行おうとしている作業の目的に応じて、資料を使える状態にしなければならない。膨大な資料や書籍、データ群から、現在の目的に合致した情報を、できるだけ迅速かつラクに抽出したいのだ。

そこでクロスレファレンスを最初につくってしまい、情報を縦横無尽に操作しながら作業を進めてゆくのである。このあたりは、理系がもっとも得意とするところである。自分にとって使いやすいシステムを確立してしまうが勝ちなのだ。

クロスレファレンスといってもなじみが薄いかもしれないが、要は本の巻末についている索引と似たようなものだ。しかしその機能は、かなり異なっている。

索引は、ある用語が本文中で使われているページを探すために用いられる。調べたい単語がすでにわかっている場合には、索引は有効である。

これに対してクロスレファレンスは、何か用語が決まっているのではなく、

たくさんの用語や概念のあいだで関連性を見つけてゆくときに力を発揮する。

たとえば、目次はその機能をもっている。目次に並んでいる章タイトルや中見出しを見ると、参照したいページの見当をつけることができるはずだ。

しかし、そうはいっても、見出しに調べたい用語のすべてが出ているわけではない。また、目次は著者がつくったものであり、個々の読者のいまの目的に合致してつくられているわけではない。

クロスレファレンスというのは、本を読みながら読者がどんどんつくってゆくものなのだ。当然ながら読み手の目的に応じて、クロスレファレンスのシステムはまったく違ってくる。具体的には、本文中にある用語のすぐあとにカッコ書きで関連するページを書き込んでゆく作業である。

たとえば、一〇ページにある用語Aと三五ページにある用語Bとが、互いに関連しているとする。この場合、Aのあとにカッコ書きで（35ページB）と書き込む。それと同時に、三五ページにあるBのあとにもカッコ書きで（10ページA）と記入する。

こうしておけば、A（p.10）を開くと、いっしょにB（p.35）の存在も目に入るというわけだ。Aを引いてもBを引いても、お互いがすぐに見つかるのがクロスレファレンスのシステムなのである。

似たようなものとして、パソコンのワープロソフトでは、検索をかけて文書中の用語を探し出す機能がある。これもいってみれば、本の巻末の索引に相当する。

しかし、ちょっと考えてみれば思いあたるだろうが、この場合には調べたい用語が確定していないと検索できない。もっとファジーな検索をしたい場合には、残念ながらコンピュータはそこまで融通がきかないのだ。

こういう場合にこそ、クロスレファレンスは威力を発揮する。クロスレファレンスでは、用語は必ずしも同一でなくてよい。関連する用語や概念はすべて、前もってクロスレファレンスで引用しておくのだ。こうするとあとで網をかけたように、すべての必要な情報へたちどころにたどり着くことができるだろう。

関連する内容が、どのページからもたぐり出せるというのは、たいへん便利である。これから自分が行おうとしているアウトプットに必要な検索は、単一の用語とはかぎらないからだ。キーワードだけでなく、キーフレーズや、ときには関連する図表までもが検索したい内容となるはずだ。これらを互いに引き出せるように、最初からシステムをつくってしまおうというわけなのである。

「原始的」こそ時間の節約

クロスレファレンスを作成するには、鉛筆で直接、資料や本に書き込むのがもっとも効率的である。本のなかにクロスレファレンスを書き加えてゆくと、その本はずっと使いやすくなる。

本の場合は、関連する項目を、見返しなどの空白のページに書き込んでおくとよい。たとえば、ＡＢ（p.10, p.35）と簡単な見出しを自分で作成する。

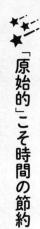

これによって、表紙を開いて見返しを見ただけで、重要箇所がすぐに目にとまる。この方法は、第3章で、ノートの表紙に大きなテーマと日付を書きつけておくことをすすめた（一〇五ページ）のと原理はまったく同じである。

私はこれまで「本は文房具として使うとよい」と提案してきたが、それはこういう使いかたができるからである。A、B、見返しページの三者から、参照したい関連事項を即座に引くことが可能なのだ。抽出した結果が一度に見渡せること、それがクロスレファレンスの第一の特徴である。関連事項が一望のもとに把握できる機能を、最初から本にもたせておくといってもよいだろう。

表紙の見返しに重要項目を書き出すのは、その一例である。自分だけの仕様に本をカスタマイズ（customize）してしまうのだ。カスタマイズという概念は〝自分中心主義〟ということ。これは効率を上げるために有効な、きわめて理系的な発想だといえるのである。

おそらくクロスレファレンスを用いる最大の利点は、自分がすでに見つけた情報をあとで探し出す手間暇を減らせることにある。無駄な時間を最小限にするシステムなのだ。

以前に見つけた重要箇所を、あとでもう一度見つけようとして、何時間も無為に費やした経験は、読者のだれもが共有しているだろう。探し物をするというのは、知的生産にとってもっとも無駄な行為ではないだろうか。モノでも情報でも、あとで探すという無駄な作業が要らないシステムを先につくってしまうのが、理系的方法論なのである。

私はこのシステムを、かつて駿台予備学校で英語を教えていた伊藤和夫（一九二七〜一九九七）から習った。伊藤先生の英語参考書は、クロスレファレンスを完備していて、どこから読んでも関連事項が探し出せるようになっている。これは受験参考書としては画期的なもので、学習効果を高めたことでも定評があるものである。

クロスレファレンスをつくるために必要な作業は、鉛筆で互いのページを書き込むだけと、きわめて簡単なものだ。パソコン上でファイルの環境設定に時間をかけるといったようなことは、いっさい必要ない。

ここからもわかるように、じつは原始的な方法こそもっとも時間を節約することが往々にしてある。本や資料を読み進めながら、気がついた箇所に鉛筆でどんどん書き込みさえすれば、それのみで自分用のクロスレファレンスができあがる。これだけのことで、ラクに、瞬時に必要な情報は取り出せる。だから本は文房具、すなわち消耗品なのである。

ラクをするということが、知的生産にとって第一のプライオリティとなる。理系的アタマのキーワードは、ここでも〝ラクに〟〝迅速に〟なのだ。

こうして情報をラクに取り出したあとは、頭をもっとクリエイティブなことに使おう。この先には豊かな文系の世界が待っている。だから前座となるような仕事でエネルギーと時間を使わない。もっと本質的な活動に、貴重なアタマを節約しておくのである。

なお、本を文房具として使い倒す具体的なノウハウに関しては、拙著の『理科系の読書術』（中公新書）と『読まずにすませる読書術』（SB新書）の二冊に詳述したので参考にしていただきたい。

3 無駄なデータを見抜く、捨てる

どこで時間をロスしているか

とにかく集めたからといって、使わないデータをいつまでも溜め込んでいては意味がない。それどころか、ほんとうに使うべきデータが見えなくなってしまうという弊害を生みかねない。データの保存管理にも、アウトプット優先主義に基づいた戦略が必要なのだ。

データの保存場所を確保したら、仮の分類でかまわないので、必ずいったんフォルダーに整理する。のちのち自由な入れ替えができるようにしておき、全体の構成が決まったときに分類しなおすのである。

際限なくふえる資料は、体積（全量）を減らすためにも、必要な箇所を切り取りデジタルファイル化しよう。また、引用すべき重要箇所にマークを入れ、付箋をつけておくのもよい。

データや資料を管理するには、すべてを統一的に処理するシステムを先につくっておくとよい。本章の1節で簡単にふれたように、**やはり時系列ごとにナンバリングする方法が便利**である。何でも時系列で順番をつけて整理するのだ。「ラベル法」（二一ページ）の応用である。

貴重な時間を準備段階でロスすることなく、その先にある本来の生産的な仕事にまわそう。まずは、資料の分類やデータ整理に時間を使うのはもったいない、という感覚を大事にしてほしい。

アウトプットからほど遠いところで無駄な時間を費やす人は少なくない。整理の時間は一見、仕事をしているようでいて、じつは何も生み出していないことが多いのだ。

何でも「一元管理」に

たくさんの資料を簡便に整理するシステムとして、私の方法をここで公開しよう。

本章の冒頭で述べたように、私は現場に出てたくさんの岩石を採取する。まずは、その採取した地図上の地点に番号をふっておく。時系列に沿って、フィールドワークで訪れた地点のすべてに四桁の番号をつけるのだ。一〇〇一番からつけはじめ、現在では六〇〇〇番台にまでいたっている。

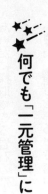

岩石には、採取した地点を表す四桁の番号に加えて、ABCとアルファベットをつける。そして、四桁の番号とアルファベットの情報を、フィールドノートに記入する。

研究室にもどってくると、岩石は番号順に箱のなかにしまう。箱はすでに何十箱にもなっている。箱の表にも番号がふられているので、どの箱に何が入っているかは、フィールドノートを見ればすぐにわかる。

ここで大事な考えかたは、〝モノには定位置がある〟ということである。一定の決まりでモノを並べてあるので、探しに行けば必ずすぐに見つかるのだ。このようなシステムをつくってからは、モノを探すために時間を浪費することが少なくなった。

なお、全体の総量を見積もっておくことも大切である。システムが飽和しないように、最初からある程度の余裕をもっておくのだ。

たとえば、私の方法のように四桁の番号にアルファベットをかけると、八九九九×二六個の岩石に番号をふることができる。これは一人の研究者が一生のあいだに採取できる岩石の量をはるかにしのぐので、オーバーフローする心配が最初からない。

また、番号をふるときには、時系列だけで決める。そのほかの地域名、日付、国名などの情報はいっさい加えない。岩石を九州で採ってもアメリカで採っても、通し番号のシステムを崩さない。膨大な資料とデータを一元管理するには、もっとも適した方法だからである。

たとえば、四桁の番号をつけたことにも工夫がある。一番から始めず一〇〇一番から開始しても、九九九九までの八九九九地点まで記載できるので、総量としては十分である。

そして、各地点はすべて四桁の番号から成るので、フィールドノートのなかで四桁の数字を見たら、それが地点を表していることが、たちどころに判別できる。一から九九九までの桁数の異なる数字が存在しないからだ。

こうしておくと、コンピュータ上でデータ管理するときなど、きわめて便利なのだ。二十三歳からこのシステムをつくりはじめ、六十五歳の現在まで研究上まったく困った経験がないことが、この方法の有効性を証明している。

ちなみに四桁の番号で示された地点は、すべて地図上に書き込んである。日本であれば、国土地理院発行の二万五〇〇〇分の一の地形図上に、四桁の番号が縦横無尽に記入されているわけだ。

さて、私の場合、フィールドノート自体が、レファレンスの原簿となっている。フィールドノートには四桁の番号といっしょに地層のスケッチも書くし、出会った人とのメモも書き込む。ときには調査地の宿で飲んだうまかった地酒の銘柄も記入する。フィールドワークで入手した情報を、すべて時系列で書き込んであるのだ。

このアナログのノートだけで、私の四十年を超えるフィールドワークは完璧に機能している。海外の調査に出かけた場合でも、フィールドノートは引きつづき時系列で記す。

このように、地点、岩石、地図、ノートがすべて一体となって、時系列のナンバリングシステムのもとで管理されているのだ。この一元管理があるからこそ、私は整理や探しもののために時間を費やすことはほとんどない。

このシステムが有効なのは、もちろんフィールドワークだけではないはずだ。部品の管理でも、顧客管理でも、市場管理、商品管理でも、何にでも役に立つにちがいない。

重要なことは、きちんとした完璧な整理を行うことではない。あとで行うアウトプットのために、必要最低限の管理にしぼろうというのだ。どこまで管理の手抜きができるか、ラクができるかといいかえてもよいだろう。手抜きは理系人の美徳でさえある。

何度もくりかえすようだが、世間にはシステムを構築することに熱中するあまり、アウトプットがおろそかになっている人があまりにも多い。整理に時間とエネルギーを吸い取られてしまって、きれいに整理されたあとには、何もする力が残っていないのだ。

これでは本末転倒である。管理と整理はアウトプットの入り口にすぎないことを、つねに肝に銘じておかなければならないのだ。

第5章

発想術には「魔法」がある

京都大学構内にある基礎物理学研究所の前に立つ湯川秀樹教授の胸像。彼は思いついたアイデアを逃さぬため、つねにメモを準備していた。

1　アイデアは自分のなかに潜んでいる

最初に「イメージ」を描く

苦労して集めた一次情報をもとに、「知価」の高い新知見をどのようにして生み出すか。クリエイティブな発想を得るために、どのような工夫をすればよいのか。

いよいよ本題に突入である。ここでは「一望法」「棚上《たなあ》げ法」「要素分解法」を中心に、理系的技術を紹介しよう。

私は鉛筆を毎日のように使っている。昔と違って原稿用紙に文字を埋める作業はしなくなったが、パソコンの入力前には必需品なのである。

パソコンに向かう前には、二十分ほどの時間を使って書こうとする内容を整理する。そのときには、広い机の上に、白い紙と鉛筆（実際にはシャープペンシルが多い）を用意する。

白い紙というのは、コピー用紙の片面である。裏は使わないというのがポイントだ。また、広い机と書いたが、できるだけ空きスペースを机の上につくっておくという意味である。大きな机が必要ということではない。

まず、**紙の上にあれこれ書きとめる。なんでもよいから思いついたことをメモする。また、キーワードを自由に書き連ねてゆく**。少し間をあけて、次々と書き足してゆくのである。

できれば、それらをつなぐ言葉や論理も書き記してゆく。しかし、この段階ではバラバラの単語だけでも十分だ。

片面だけ使っているコピー用紙は、一度に全部を広げて見ることができる。見終わったらテーマごとに綴《と》じておくことも可能だ。

このような作業には、紙と鉛筆がもっとも適している。子供が画用紙にあれこれと書き散らすように、思いついた言葉を一心不乱に書き込んでゆくのだ。じつはこれが、なかなか楽しい作業なのである。

かたわらには市販の四色ボールペンやラインマーカーを置いておき、関連するキーワードを赤や青色でマークする。齋藤孝の『三色ボールペン情報活用術』が教えるように、赤、青、緑の色に意味をもたせて書き分けてもよいが、自分の好きな色どうしで勝手にグルーピングしてもよい。

要するに、自分の考えを追うことに没頭できればよいのである。その意味では、子供の遊びと同じことをやっている。大脳生理学的には、左脳ではなく右脳が活性化された状態ということになるのだろう。

なお、ここまで鉛筆、消しゴム、四色ボールペンを使ったシステムを紹介したが、近年は鉛筆を使う人が少なく、仕事環境では「フリクション」などの消せるペンを使う人がどの業種でも多くなってきた。

消しゴムのカスでデスクまわりが散らかるわずらわしさから、そのような流れになっていると思われる。また、「フリクション」でも、一本のペンに多色の芯が内蔵されているものがあるので、こうした「道具」は各人の好みで自由に選んでいただきたい。

ここでのポイントは、システムの本質だけ満たせばツールは何でもよいということである。

ここでも「一望法」を

さて、こうして白い紙が染まってくるころには、だんだん話が見えてくる。ここでやっと、パソコンの電源を入れるのだ。紙の上で起承転結が見えてきたところで、やおら入力を始めるのである。

紙の上で〝遊び〟を十分にやっておくと、あとの作業がラクになる。もちろん、パソコン上でもアタマが別の方向に働いて、論旨が柔軟に変化してゆくことは多々ある。

しかし、紙と鉛筆と四色ボールペンを手にした状態でアタマを整理しておくと、その後の作業がずっとスムーズになることを、私は何度も経験している。

このような方法は「コンテを描く」とよく呼ばれる。映画制作などで、場面設定や人物の配置を、監督があらかじめマンガにしておくのだ。それを見て俳優や大道具係、小道具係が舞台をつくってゆく。

私の場合、文章を書くさいには紙と鉛筆を用いてコンテを描いてゆく。立花隆（一九四〇～）はこの作業についてこう述べている。

書き出す前に、もう一度集めた材料に目を通す。そのとき心覚えのメモを取る。これが「材料メモ」である。これは簡略であればあるほどよい。私は通常原稿用紙を裏にして、それ一枚にすべてがおさまるように書く。「一枚に」というところが重要である。メモに目を走らせたときに、全材料が一瞬のうちに視野に入るようにしておくということである。（略）

（立花隆『「知」のソフトウェア』講談社現代新書、一八八ページ）

彼のいう材料メモ一枚が、私の場合は一枚の紙（コピー用紙の片面）というわけである。全部が見渡せて、しかも色分けして、相互関係をつけてある材料メモである。いつになっても紙と鉛筆が私の必需品であることには変わりない。

ここでのキー概念は、すべてが見渡せる「一望法」である。

★★★言葉なんか正確でなくてもいい

さて、コンテが固まり、いよいよパソコンに向かうわけだが、まずはキーワードや互いの言葉の関連性についてどんどん打ち込んでゆく。

ある程度、入力が進むと、指の運びがなめらかになってくるはずだ。文章がひとりでにできあがってゆく感じである。思いついたことが、どんどん活字に換わってゆく。

そうなると、しめたものだ。だいたい八〇〇字（四〇〇字詰め原稿用紙二枚）くらいを一気に書き上げる。このときには、誤字脱字やアヤシイ言葉の使いかたなどはいっさい気にしないで、最後まで書き込んでしまおう。せっかくアタマが働き出したのだ。わざわざ止めたくない。

原稿を書いているさなかには、かつて読んだ本の一節やエピソードが、ふと頭をよぎることもある。関連する内容が芋づる式に思い出されてくるからだ。ここでも、なるべくスピードを落とさないように、パソコンにその思いつきを残しておく。調べるのは、あとでゆっくりと本を取り出してすればよい。

言葉は悪いが、引用文などでただ字を埋めるような作業は、アタマが働かなくなってからでも十分にできる。意識的にクリエイティブ（創造的）な作業と事務的な作業を、きっちり分けることが肝要である。

創造的な瞬間は、二度とやってこないことがあるからだ。そう思ってアタマが何かを創造しはじめたら、すべてのことをぶん投げて、ひたすらパソコンに文章を刻んでゆくのだ。

私など、そうなったらトイレも我慢する。トイレはあとでも行けるが、貴重な発想はあとからでは逆立ちしてでも思いつかないのだから。

アイデアが出かかったら中断しない

先の渡部昇一がたいへん興味深い話を書いている。十八世紀末のイギリスに、サミュエル・テイラー・コールリッジ（一七七二〜一八三四）という詩人がいた。もっとも美しい英語の詩を書いたといわれ、英文学史では必ずその名が登場する人物である。

彼が詩作に耽《ふけ》っていたあるとき、ドアをノックする音が聞こえた。客の応対が終わり、もう一度、詩作にもどろうとしたが、世界でもっとも美しい詩はついに出てこなかったという。だから、いったん興が乗ってきたら何があってもとめてはいけないのである。英文学の講義で語られた逸話である。

（略）中断が知性の創造的活動にとっていかに致命的であるかの古典的例証である。われわれはコールリッジのような創造的活動をやっているわけではないが、中断によって手ひどい打撃を受ける点においては同じである。

（略）

（渡部昇一『知的生活の方法』講談社現代新書、一七四ページ）

文章を書くときには、何はさておきスピードが大事だ、と私は思う。

書くこと自体にスピードが必要なのではなく、**発想が次から次へと展開しだしたら、間髪《かんはつ》を入れず書きとめておく**ことが大切なのだ。書くことによって、人間の脳は活性化する。これは、鉛筆で書くときも、パソコンのキーボードを打つときも、同じである。

紙に書いたほうがアタマがよく働くという人がいるが、いろいろ試してみたところ、鉛筆もキーボードも差はないという結論に私は達した。いま自分が書きつつある文字を見ながら、脳は次のことを考えている。脳のその動きをとめないような手の動きができていることが大事なのである。パソコンも四十年近く使っていると、キーボードでも十分に筆記できる。

ちなみに携帯電話のメール作成もすばやくできる。前述のとおり、私は「ガラケー」を使っており、所狭《ところせま》しと並んでいるボタンをあやつる作業は、いかにもややこしい変換作業なのだが、すでにかなり速く打てるようになっている。つまり不便を感じていなければ、古いシステムを無理に更新する必要はない。

スマホに移行して久しい方々はこの感覚をお忘れかもしれないが、ガラケーの普及期、当時の高校生は、授業中に机の下で携帯電話を見ずにメールを打てると聞いて驚いたものだ。

しかし、その後、時間をかければ自分も簡単にできることがわかった。これらは運動能力や心肺機能とは別で、トシに関係ない。逆にいうと、いま使っているシステムで不便を感じるようになったら、すぐに新しい方法に変えてみればよい。

さて、文芸評論家の清水良典（一九五四〜）は、脳で文章を考える本質についてこう述べる。

紙や鉛筆や書物は存在しないが、携帯電話やパソコンのワープロ操作で出現するのは、印刷と変わらない「活字」である。つまり間違いなくそこで行われているのは「活字」を操作し「作文」すること、（中略）書物の姿が見えないから「活字離れ」といわれるだけで、じつは彼らは一日の長い時間を活字の文章とともに過ごしているのだ。

（清水良典『自分づくりの文章術』ちくま新書、一四ページ）

キーボードでも携帯電話のボタンでも、指先の作業は時間をかければ速く打てるようになる。要は自動車の運転と同じで、ある程度、時間をかければなんでもひととおりのことはできるようになる。私がここで学んだのは、指の作業と考える脳とはあまり関係ないということである。

それに対して、脳で文章を考える作業は、ずっと複雑である。思いどおりにいかないことが多い。活発にアタマが働いて、あとからあとから文章が泉のように湧いてくるときもあれば、突然スタックしたまま、まったく動かないときもある。それこそがスランプの始まりである。

だからこそアタマが快適に働いている時間には、〝好機逃《のが》すまじ〟とばかりに指をフル回転させて、考えを書きとめるのである。何はさておき、頭の中の情報をパソコン上に「ダウンロード」する作業を全力で行う。

私にとっては、これが自分のクリエイティブな考えをもっとも効率よく定着させる方法なのである。

「神さま」は必ず降臨する

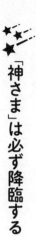

文章はスピードが大事というのには、もっと深い別の意味がある。文章が頭の中に湧《わ》き出てくる瞬間をしっかりと捕まえたいからだ。

知的生産とスピードに関して、たいへんにおもしろいエピソードがあるので、少し脱線するが紹介したい。

「芸術は長く、人生は短い」というフレーズがある。シューベルトや青木繁《しげる》など若くして亡くなった天才芸術家について、しばしば語られる言葉である。

しかし実際には、天寿をまっとうした天才芸術家でも、活動時期はけっこう短かったりすることがある。余生はパッとしないことが多い。人を感動させる芸術を生み出すのには、とてつもないエネルギーがいるからだろう。まさしく、すばらしい発想は短い時期にしか訪れないことの証明である。

二十世紀のピアニストの巨匠、ソロモン（一九〇二〜一九八八）にこんな例がある。

いろいろな人々のベートーヴェンをきいてきた末、（中略）戦前から戦後にかけてはソロモン（中略）というのが、私の最も高く評価する、あるいは私の最も好むベートーヴェン奏者である。

（中略）ソロモンは一九五八年病気で倒れて以来、引退してしまったから、たとえ本人は生きていても、もうレコードでしかきくことができない。（中略）

（略）彼はすでに一度評価をうけた音楽家である。（中略）そういう人たちには、〈芸術は短く、人生は長い！〉のである。

（吉田秀和『一枚のレコード』中公文庫、一三五〜一三七ページ）

私はこの話を大学生のときに読んで、いたく感動したことがある。わが国では年輩者が威張っているが、ほんとうは若いときだけが華《はな》なのかもしれないぞ、と大いに力を得た気分がしたものだ。

じつは、この話は吉田秀和（一九一三〜二〇一二）のオリジナルではないようだ。いみじくもベートーヴェン（一七七〇〜一八二七）がこう述べている。

芸術は長く、生命は短いというが、長いのは生命だけで、芸術は短い。芸術の息吹きが神々のところまで高められるにしても、それはわれわれにとってつかの間の恩恵にすぎないから。

（ベートーヴェン『音楽ノート』小松雄一郎訳、岩波文庫、九〇ページ）

天才ベートーヴェンも、まったく同じことを感じたにちがいない。文章のアイデアも芸術と同じである。よい考えが思いついたときに書きとめておかなければならない。

神さまがアタマに降臨してくださったときである。その瞬間を逃してはならない。いつもそのような至福の状態が来るとはかぎらないからだ。

日本人初のノーベル物理学賞を受賞した湯川秀樹（一九〇七～一九八一）にも、同様のエピソードがある。彼は思いついた貴重なアイデアを忘れてしまわないように、ノートを片時も手放さなかった。

このような時間は、私の場合、一日のうちでも一時間足らずである。二時間続くことはめったにない。神さまが宿ってくださった一時間が「勝負の時」。よって、文章はスピードも大事なのである。

棚上げ法 知らないことはステキだ

スピードを維持したまま仕事を進めるテクニックとして、「棚上げ法」という強力な方法がある。クリエイティブな頭脳活動を中断させないための技術である。理系人の最大の武器の一つといってもよいだろう。

「棚上げ法」とは、いまわからないこと、うまくいかないことは無理に解決しようとはせずに、とりあえず先へ進む方法だ。

新しい発想やイメージがどんどん湧き出てくるさなかでも、考えが煮詰まることはよくある。ここで無理にそのアイデアを推し進めようとしないのが、理系的技術である。

考え込んで頭のリズムをとめてはいけない。壁にぶつかった問題の解決に力を注ごうとはせずに、いったんストップし、もう少し先を眺めてみるのだ。

ここで多くの人は、問題を中途半端なままで置き去りにしておくことができない。解決しないと、一歩も前に進めないのではないかという不安に襲われる。こうしてどんどん無理をして、底なし沼に落ち込んでしまうのだ。

これは、とくに文系の人に多い現象である。「ブラックボックス」があると、そこで思考が停止してしまうのだ。ここにおいては、不完全であることに対する前向きな勇気が必要となる。

たとえば、理系でよく使われる代数方程式というものがある。ブラックボックスにあたるのが、X、Yと書かれた変数だ。代数方程式では、この中身はさておいて、わからぬままにともかく方程式を立ててしまうのである。だから〝代数〟という言葉が用いられているわけだ。

文系人はえてして、Xが5なのか7なのかが気になって先へ進めなくなってしまう。5でも7でもなんでもよいから、とりあえずXと置いて先へ行こうという姿勢に、抵抗感が生じるのではないだろうか。

そこをぐっと堪《こら》えて、ここで一歩前に進んでもらおうというのが「棚上げ法」なのである。〝いい加減〟なようだが、それは〝ちょうどよい加減〟でもあるという典型的な理系的思考法なのだ。

事実、ちょっと先へ駒を進めてみると、決して大それたことではないことに気づくはずだ。うまくいかなかった部分だけブラックボックスに入れてしまい、ひとまずその先を見てみるとよい。

意外と簡単にできたりするものだ。先ほど飛ばした箇所は、なくてもさして問題がなかったことに気づくわけである。「棚上げ」が苦手な人がいちばん引っかかるところが、この点である。

濡れた服で歩くことにたとえてみよう。

「棚上げ法」とは、歩いているうちに服が乾いてくると考えて、そのまま歩きつづけることと似ている。濡れた服を着たまま歩くのは、たしかに気持ち悪い。

しかし、ここで服を乾かすために立ちどまっては、一歩も前に進めない。気持ち悪さには多少目をつぶって歩きはじめると、なんとかなることに気づく。そして、せっせと歩いているうちに、しだいに服は乾いてくるというわけだ。

本を読んでいてわからないことがあったときに、先へとページを進めてゆくと、前の疑問が氷解することがよくある。先へ行って全体の様子がつかめると、解決してしまう課題というのはけっこうあるものだ。だから、少しくらい問題があっても立ちどまらずに歩いていこう。

「棚上げ法」は、慣れると意外に気持ちのよいものである。

解ける問題だけ、解け

理系のアタマをひと言で説明すると、「ブラックボックスを多数抱えたアタマ」といえる。中身のわからないブラックボックスの棚が、前もってたくさん用意されているのだ。引き出しに未使用のクリアフォルダーが五〇枚ほど入っている（五五ページ）のも同じ発想だ。

すぐに解決できないことは、とりあえずこの棚に放り込んでおく。少し先から見渡してみると、前にわからなかった問題が一瞬のうちに解決することがよくあるからだ。これが「棚上げ法」の成功イメージなのである。

理系人とは、このような一時棚上げがとても上手な人種でもある。これによって、クリエイティブな思考を、集中的に無駄なく投入する場を設定することができるのだ。

数学者の岡潔《おかきよし》（一九〇一～一九七八）も、「棚上げ法」を使いながら問題を解決している。

（略）最近になって解けない問題が二題ある。（中略）解けるまでやっていたのでは、私に残された時間が限られていて、私の本当に目標としていたところをやるいとまがなくなるかもしれない。それで途中でやめてしまったのである。

（岡潔『岡潔 日本の心』日本図書センター、四五〜四六ページ）

解けない問題はさっさとやめてしまう、というのが「棚上げ法」の極意である。解ける問題だけでも、仕事は無限にある。どれが解ける問題で、どれはいったんやめたほうがよいかの判断が重要なのだ。岡潔は直観的にこのことを的確につかんでいる。

株式市場の世界で「損切《そんぎ》り」という言葉がある。株価が急落しはじめた銘柄を損を承知で早く売ってしまうことだが、これも利益を追う行為の棚上げなのである。

さて、話をもどして、自分の仕事のどこで「棚上げ法」を用いるかを考えてみよう。ここで、予定した仕事の何割が完成しているのか、つねに把握しておくことはたいへんに重要である。一割完成したのか、五割できたのか、いつでもできあがった割合と、まだ穴が開いている箇所を把握しておく。

そして、やりやすい部分から取りかかり、むずかしそうな箇所はどんどん棚上げしてゆく。こうやって、もっともラクに仕上がるところから完成させてゆくのだ。

これは、困難は個々の要素に分割すると簡単にできあがるという方法論とも合致する。第2章2節（七八ページ）で述べた「要素分解法」とも関連するものだ。人間はラクをするためにいろいろな機械を発明した。コンピュータは人間の脳がラクをするために使用されるものだろう。コンピュータはその姿が目に見えているが、目に見えない強力な理系的手法というものも頭の中には存在する。

理系人がなにげなく使っている「棚上げ法」や「要素分解法」は、いずれも悩まずに仕事を快適に進めるための魔法の技術なのである。

2 頭は最初からクリエイティブ

「無意識」のもつ莫大な資産

オリジナルなメッセージを生み出すために、自分自身がクリエイティブなアタマになる時間をつくりだすことは、きわめて重要である。

ここでは現代心理学が編み出してきた、発見をうながす無意識の働きを紹介したい。とくに、無意識と意識の相互作用による創造力開発法を提案する。自分のなかに潜んでいる無意識の存在を発見し、さっそくこれを活用してみよう。

無意識の存在とは、以下のように表現される。

われわれは何かの行為をしてしまったあとで、「われ知らずに」やってしまったとか、「われながら思いがけないこと」をしてしまったとか、言うことがある。自分でしておきながら、まるで他人がしたことのように言うのも不思議なことだが、本人の実感としては、そのように表現するより仕方がないのである。これは、そのときに本人の意識的な統制力をこえたなんらかの力がはたらいたものと考えられる。

（河合隼雄『無意識の構造』中公新書、二ページ）

このなかで、「意識的な統制力をこえたなんらかの力」と書かれているのが「無意識」なのである。

さてここで、理系のアタマの構造について、もう一度ふりかえってみよう。

理系人は最初に考えかたの枠組みをつくってしまう。

たとえば、この節の目的はクリエイティブな時間のもちかたを伝えることであるが、そのために「これからの一時間はクリエイティブな時間についてだけ考える」と、まず決めてしまうのだ。

時間の枠組みを初期設定するといってもよいだろう。時間をいつまでも散漫にダラダラとは使わない。

次に、この一時間は無意識に身を委《ゆだ》ねる、と決めるのである。意識を超える力をもつ無意識の世界に没入するのだ。そして、一度決めたことは変更しない。「ほんとうに無意識が教えてくれるだろうか？」などとは迷わない。

重要なことは、素直に無意識を信頼することである。

「スポットライト」で集中する

無意識にまかせる内容は、以下のとおりである。

まず、目的とする内容について、ひたすら集中して考える。目的を明確にして行動を起こすのは、理系的なアタマの使いかたである。第3章1節（一〇三ページ）で述べた「目的優先法」と同じ発想である。

ここでは目的に対して疑ったりしてはいけない。目的を明確に意識し、関連事項をすべて拾い出してゆく。断片的なことでもよいから、関係のある事柄のなかからキーワードを探り、それらをつなぐ共通項を求める。

くりかえし集中して考えることによって、頭の中にあった〝点〟の情報がつながってゆく。バラバラの内容のなかから、関連性のあるものが互いに磁石のように引きあってくるのだ。

いつも必要とする情報は、問題意識のまわりに集まってくるのである。意味のある情報につくりあげるためには、問題意識をくりかえし反復することがもっとも効果的である。

このような手法は、「スポットライト効果」と呼ばれることがある。舞台のうえでスポットライトの当たった人物には、観客全員の視線が集まる。これと同じ効果を仕事にも応用することができるのだ。試験巧者の吉田たかよし（一九六四〜）は、こう説く。

（略）集中力を高めるためには、机の上はできるだけ片づけておいたほうがよいでしょう。何もない机の上に、本が一冊だけ置かれていれば、意識はやはり本に集中します。これも一種の〝スポットライト効果〟です。机に何も置かれていなければ、視野の中で本以外、情報を発信するものはありません。このため、意識の焦点は、ヤル気があろうとなかろうと、本だけに集中せざるを得ないのです。

（吉田たかよし『脳を活かす！』講談社現代新書、一八五〜一八六ページ）

自分の「常識」を疑う

クリエイティブな時間をもつための具体的なテクニックをまとめると、以下のとおりである。

第一に、徹底的に考え抜くということ。

これについては、すぐに納得できることと思う。何事も集中して考えたのちに、新しい発想が誕生する。

第二に、量は質をもたらすので、量もおろそかにしないということ。

自分の問題意識のまわりには、たくさんの情報が準備されていることが前提として必要である。このときには、すでに記憶している情報の量がものをいう。

そのためには、良質の情報を前もってインプットしておくことが、きわめて重要となる。しかも、できるだけ大量のインプットを心がける。

無意識にとっては多すぎるという心配はない。無意識に身を委ねていれば、過剰なものに対しては自然に記憶の外へとあふれさせてしまうからだ。必要なものを無意識は選択的に残してくれる。インプットの情報量に関する心配は、まったく要らないのだ。

第三に、体を使いながら考えるという方法。

たとえば、歩きながらものを考えるのもよい。散歩しているうちに、何か新しいことを思いつくことがある。風呂に入っているときにひらめくこともある。まったく関係ないような体の動きのさなかに、クリエイティブな頭脳が働くからだ。

私の場合は、夕方の散歩の時間に考えがまとまってくることがよくある。無心になって歩いているうちに、頭の中がふるいにかけられ、大切なことだけが浮かんでくるといった感じだ。

このような経験を一回でもしてみれば、体に染みついた動きとして理解できるだろう。

たとえば、バロックなどのクラシック音楽をかけながら熟考すると効果があるのは、耳と頭がまったく別の作業をしているからである。アタマを意識的に動かしながら、耳ではちゃんと音楽を聴いているのだ。これが頭脳の働きを活性化させるのである。

このときに、決して詞《ことば》のある音楽をかけてはいけない。アタマが言葉を追い

かけてしまい逆効果になるからだ。また、構成の大がかりな交響曲もふさわしくない。曲の展開に気をとられてしまう恐れがある。

それに対して、小さな編成の器楽曲がバックグラウンド・ミュージックとしてはもっとも適している。たとえばハイドン、モーツァルトの弦楽四重奏曲、ピアノソナタなどがおすすめである。

第四に、当たり前のことを当たり前でないと考える習慣。

見慣れたことを、見慣れないもののように思う。そのようにラベルを貼り替えてしまうのだ。

逆に見慣れないものは、よく見知っているもののように考える。とにかく正反対のラベルを貼って、それを前提に考えはじめるのだ。いつもの常識を疑うといってもよい。

こうするとまったく別の視点が得られて、いままでとは違った姿が見えてくる。これもクリエイティブな発想の起源となる。

クリエイティブになるためには、意識と無意識という対《つい》の両方が必要なのだが、このような対照的な概念のなかには、それ自体が発想を豊かにするものが少なくない。

たとえば論理と情緒、左脳と右脳、理系と文系、仕事と遊び、オンとオフ、西洋と東洋、部分と全体、要素還元主義と包括主義、二元論とホーリズム（全体論）、ミクロとマクロ……。これらはいずれもクリエイティブな頭脳を働かせうるキーワードとなるものだが、あくまでもどちらかに偏《かたよ》ることなく両方を使うことが重要である。

体の無理は、いつも禁物

もう一つ、クリエイティブな作業をするさいに大切な心がまえについて述べておこう。いちばん大事なことは、無理をしないこと。じつはこれが、アタマをクリエイティブに保つための必須条件なのだ。

自分の無意識からよいものが湧いてくるようにするには、自然体で事にあたることが肝要である。ここで無理をすると、せっかくのよいものが飛び出してこなくなる。

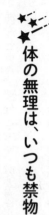

「体は頭よりもつねに賢い」――このキーフレーズはクリエイティブな生産をしようとするときの黄金律である。高度な頭脳労働は、体のしなやかな動きと密接に関連しているからだ。

したがって、体調を整えることは、どのような場合にも知的生産の要になる。大事なことは、身体感覚に敏感になって、よいものがひとりでに生まれ出てくるのをゆったりとした気分で待つことである。

経済学者の内田義彦（一九一三〜一九八九）は、ものを考えるときの姿勢についてこう語る。

私自身社会科学者の一人としてがっかりさせられるのは、芝居や映画に出てくる学者なるものだ。大体において深刻な顔をしてうつむいている。

（中略）

（略）うつむいたまま硬直した姿勢である。自然体としての直立の姿勢から来たものでもなければ、そこに戻りうるものでもない。すなわち考えるという作業とはおよそ遠い姿勢である。

（内田義彦『学問への散策』岩波書店、一七ページ）

うつむいた姿勢では、クリエイティブな思考には向かないのだ。もっとリラックスした体の状態をつくりだす必要がある。うつむくのとは反対に、天井を向いてポカンとしている姿勢が、知的活動の出発点となる。内田はこう続ける。

うつむいているとある土俵の中に思考が集中していく。天井をむくと土俵が外れる。執着していた土俵が外れて新しい土俵ができる。(中略)新しい土俵の設定とともに、忘れていたことが忘却の彼方から浮かび出てくる。それが天井をむいた姿勢の効用だ。

(内田義彦『学問への散策』岩波書店、一七〜一八ページ)

すなわち、胸を張って上を向いて、天から新しい発想を受け取るようなイメージである。創造的な頭脳活動にとっては、体の姿勢も少なからず大切なのである。

これと同様に重要なのは、他人とくらべないこと。自分の体をよく観察しながら知的生産を行うのであって、他人はまったく関係ない。第三者の仕事と自分の仕事を比較しても、何にもならないではないか。

いいかえれば、自分のペースを崩さないのが、もっとも効率の上がる基本行動なのだ。自分の感覚にできるだけ忠実になりながら、クリエイティブな行動パターンを磨いてゆくのである。

こういう一連の動きができるようになるには、無意識の働きに素直にしたがう経験を積むのがもっとも効果的だろう。そして、いったん重要なアイデアが頭をかすめたら、一気に意識の世界に引きずり出して活字にする。

うまく表現できない場合でも、とにかく断片でよいから言葉にしてみる。とにかく必死で言語化するのである。これが無意識と意識を使いこなして、クリエイティブなアウトプットを生み出す根底にある作業なのだ。

3 「死んでる」会議をなくす

ブレインストーミングはWin-Winが大前提

この一年で、多くの人が体験した会議の新形態が「オンライン会議」だ。

最近驚いたのが、ある知り合いの准教授の話。Zoom会議の予定を3本同じ時間に入れて、三つの画面を開きながら同時並行で参加し、時間を節約しているのだという。

通常の会議ではできない離れ業だ。オンラインならではのメリットというべきか、そんな方法でも成り立ってしまうくらい意味のない会議が多いという事実を嘆くべきか。おそらくは後者だろう。

本来、**他人を交えたブレインストーミングは、クリエイティブな発想を生み出すためには、きわめて効果的**である。一人で創造力を発揮するだけでなく、複数の人間で互いに刺激しあえるからだ。

オンライン会議についてはのちほど詳述するとして、まずは対面式の会議をいかに有意義なものとするかについての方法論を語ろう。

会議を開く最大の目的は、他人のアタマを使うことにある。同時に、自分のアタマを相手に使ってもらうのだ。会議に同席した者どうしで互いに相手のアタマを活性化しながら、新しい考えや発想を得ようというのが会議の効果なのである。

だから、会議はいつも「相互恩恵」が基本になる。本来Ｗｉｎ－Ｗｉｎの関係になるはずなのだ。

複数の人間が一堂に会する現場は、クリエイティブなアイデアの揺りかごである。そうした創造的な会議をつくりだすための技法は、すでに多く開発されている。ここでは、コーチングやNLP（神経言語プログラミング）などの現代心理学が到達した技術を活用してみよう。

たとえば、人をコーチすることを体系化したコーチングの理論では、以下のような目標設定を行う。これはクリエイティブな会議を行うさいにも、たいへん重要な確認事項である。

（略）コーチングを行なううえで、もっとも大切なのが「目標の明確化（Goal）」です。

コーチングには「大切な人を、現在その人がいるところから、その人が望むところまで送り届ける」という、もともとの意味がありました。どこに行こうとしているのかという「目的地」が、目標にほかなりません。（中略）

自分が目指すところがどこなのかを明確にすることで、目標達成への意欲を持ち続けることができるだけでなく、そこに至るまでのプロセスも変わってきます。

（本間正人『〔図解〕ビジネス・コーチング入門』PHP文庫、六〇～六一ページ）

最初に会議の出席者全員で〝新しいアイデアを創出する〟という目的地を明確にして、自由闊達《かったつ》な議論を行う。これがクリエイティブなブレインストーミングの出発点になる。

もう一つ会議で重要なのは、自分と相手の無意識のなかに蓄積されている知恵を引き出すきっかけであるという側面である。

無意識は、意識よりもはるかに大きなキャパシティをもっている。「無意識はつねに意識よりも賢い」という言葉さえある。また、意識と無意識は、海上に浮かんでいる氷山にもたとえられる。水面に出ている意識の部分はほんの一割にすぎず、陸からは見えない水面の下には、無意識にあたる巨大な氷山の九割が隠れているのだ。

その膨大な部分に、光を当てるのが会議の使命である。水面下に潜《ひそ》んでいる知恵を言語化して、自分にも相手にも認知できるようにする。会議の場では、そのように援助しあうのが正しい。「ブレインストーミング」を行いながら相互援助するのが、会議の本質なのだから。

優れた理系人とは、頭の中にある莫大な無意識を使いこなす方法をもつ人を指す。比較的単純なシステムで無意識を掘り起こすのだ。まさに「無意識的に、無意識にアクセスする」といえるだろうか。

そのシステムは複雑なものでは決してなく、じつは箇条書きにできるような簡単なものである。だれにでも使えるようなシステムを用いて、無意識の力を発揮しようというのだ。

このシステムは学習することによって、万人に使用可能なのである。このような汎用性が、理系的技術の特質でもある。

たとえば方程式や数式は、いつでもだれにでも同じ答えをもたらさなければならないではないか。違う結果が出る方程式は、理系にはありえない。同じように、無意識を使いこなす技法はだれにでも通用するのだ。

どんなに突飛な考えも、許す

会議では、無意識を自由に掘り起こせるような雰囲気がもっとも大切だ。そのためには、いくつかの環境設定をするとよい。「環境設定」という言葉は、コンピュータの使用により一気に広まったが、きわめて理系的な概念である。要は、会議の前に十分セットアップしておくのだ。

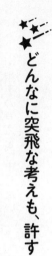

コミュニケーションの第一歩は、アイデアをどんどん出せる環境をつくることにある。どんなにつまらないような意見でも、自由に発言できる場をつくらなければならない。参加者全員がリラックスして、アタマの中身を全部さらけだしてもよい感じにする。

それには、最初にどんな突飛な考えでもよいから、どんどん出してみることだ。実現できそうもないアイデアもＯＫ。どんなにばかげた考えかたも否定しない。その新奇さ、おもしろさをみんなで楽しんでしまう。思いもかけないようなアイデアを連発することから、すべてが始まるのだ。

齋藤孝は会議のポイントを次のようにあげる。

・書く場合には文章ではなく、キーワードを中心にして書いていく。
・まずは秩序を考えないで、できるだけカオスをつくるようにドンドン書きつけていく。
・B4の用紙全体を使い切るようにマッピングしていく。（中略）
・与えられた時間内にアイディアをすべて出し切る。（中略）
・評価はせずに、ささやかなものでも言葉にして出し切る。
・相手の考えを否定しない。

（齋藤孝『会議革命』PHP文庫、一七三〜一七四ページ）

会議にはルールがある。たとえば、ある人のアイデアを否定したいときには、必ず代替案を出す。かわりを出せないときには、反対意見を述べてはいけない。これを縛りにするのだ。

そして、つねにポジティブに議論を展開してゆくこと。ルールには、お互いの心の壁になりうるものすべてを、前もって取り除いておくことも含まれる。めざす方向、目的に達するためには、どんなに変わった道順があってもよいのだ。これも「目的優先法」の一環である。

また、いったん決定したことは、実行してダメだとわかるまでは変えない。これを原則とするのである。

決めたことを何回もひっくりかえして、堂々めぐりに陥ることを防ぐのだ。これは、いままでにない奇抜な発想を、安易につぶさないためでもある。

アイデアはとにかく実行してみるとよい。失敗してもそれなりに学ぶことができるし、失敗から新しい知恵が生まれる。試行錯誤と実験は、理系の得意技の一つである。フットワークを軽くして、どんどん試してみることを大いに奨励したい。

★★★会議の時間は、一時間だけ

画期的な企画を生み出すために、ビジネスの現場ではさまざまな議論が行われている。メディアプロデュースの第一人者である横山征次（一九四四〜）は、創造的な会議の技法についてこう語る。

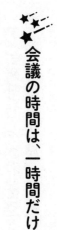

そもそも、議論には、次の三つのスタイルがある。

A　アイデアを広げる議論
B　アイデアをまとめる議論
C　アイデアを形にする議論

Aの「アイデアを広げる議論」とは、いわゆるブレインストーミングである。他のメンバーの意見を否定せず、どんどんアイデアを出し合っていく。その際、新たなアイデアを出すということばかりでなく、相手の意見を他の同じ内容の情報に置き換えたり、世間に通じる形で一般化したり、普遍的な内容に典型化することも大切である。（略）

（横山征次『企画力！』講談社現代新書、一〇七〜一〇八ページ）

創造力を問う仕事は、必ずしも一人で行うものばかりではない。議論の方向性をきちんと整理することによって、集団の力でブレインストーミングすることが可能になる。思わぬ新奇な発想を生むためには、マンネリ化した会議ではダメなのだ。十分な成果を上げるためには、それなりに効果的な会議の方法が必要である。横山はこう続ける。

1　時間は必ず一回一時間に限定する
2　メンバーには、必ず会議の前に資料を読んでおいてもらう
3　いきなり本論に入る

4　四五分間の広げる議論の後、一五分間のまとめる議論を行う

（横山征次『企画力！』講談社現代新書、一〇九ページ）

クリエイティブな会議というのは、精神論で運営すべきものではない。努力や精神の前に、システムをつくってしまうのである。しかもそのシステムは、合理的なものでなければならない。

効率的な時間割からは、予想もしなかったような有効な議論が続出するだろう。簡単なシステムでも、多くの精神的な無駄を省くことができるのだ。精勤と奮励をいちばん苦手とする理系の本領発揮である。

もどかしいオンライン会議への処方箋

近ごろ主流となっているオンライン会議でも、以上のようなシステムを導入

することで大いに活性化をはかれるはずだ。

とはいえ実際には、「オンラインだとニュアンスが伝わりづらい」といった声を多く耳にする。これは無理もないことだ。画面越しでは、無意識にかかわる要素が抜け落ちてしまうからだ。

コミュニケーションには、意識情報と無意識情報がある。会議における前者は、議題やデータや発言内容など。後者は、それらの「行間」に属する部分の、顔色や声色、そして内心の心の動きなどだ。意識情報では、語られる事項についての細かな思いは伝わらない。

この問題は、身もふたもない言いかたになるが、解決しない。アナログの対面とデジタルの画面では、情報量が雲泥の差になるのは如何《いかん》ともしがたいことなのだ。

だが、マイナスに着目すべきではない。マイナスをゼロにもどそうと努力するのは時間の無駄だし、精神衛生上もよろしくない。ここは発想をガラリと変えよう。

たとえば、外資系企業を考えてみてほしい。外国人の経営者や上司には、「行間」も「腹芸」も通用しない。日本人とは国民性が違うし、日本語も通じない。英語に訳せる範囲だけしか議論できない会議を、外資系企業では新型コロナ以前から行っていたわけだ。

オンライン会議のままならなさは、「外資系企業勤め」と同じなのだ。ならば、グローバル社会に生きるビジネスパーソンとして、必要なスキルを身につけたともいえそうではないか。このように、不可能なことは早々に見切りをつけ、よい面を見るのがいちばんだ。

では、日本式の細かなコミュニケーションは今後不要かというと、それも違う。オンラインで切り捨てられた部分を、いかに補完するか考えなくてはならない。

先ほど述べたとおり、オンライン会議では知識情報をやりとりできる。議題に対する議論と合意はオンラインにまかせられる。

それ以外の、こぼれ落ちた無意識情報の意義は何か。すべてのコミュニケーションをオンラインにしたら、何が足りなくなるだろうか。それはとりもなおさず、人間関係の構築である。ウィズコロナ時代、テレワークが常態化するなかで、遅かれ早かれ浮上する問題だろう。

ならば、人間関係をつくるためだけに、安全を確保しながら飲み会を行うという手がある。日ごろのコミュニケーションが激減していた人びとにとって、うれしい機会になるだろう。

会議的な要素も人間関係も構築でき、要素もまぜこぜになっていた従来の飲み会とは違う、ある意味「純度の高い」飲み会となるにちがいない。具体的な方策については拙著『京大・鎌田流 一生モノの人脈術』（東洋経済新報社）を参照していただきたい。

第6章

発想を有効なメッセージへと変える

新しい発想を伝えるには、それなりのツールが必要である。学生たちに活火山・伊豆大島の噴火口を見せることから私の火山学は始まるが、そのメッセージは「百聞は一見に如かず」。

1 まずデキル人をまねる

コピー&ペースト法

オリジナリティに縛られるな

第6章からは、アウトプットの具体的方策について考えよう。発想をメッセージへと進化させてゆく技術である。ここでは、ひらめいた発想をメッセージとして具体化するまでの方法について述べる。

第一のポイントは、コピー&ペーストこそがクリエイティブな発想の母である、という考えかたである。手持ちの情報を複写して、糊《のり》で貼りつける技法である。どんな作業であれ、まずはコピー&ペーストから始めるとよいのだ。

世の中の仕事の八割は、すでに存在する良質な内容を組みなおして、新しいレポートを作成することで通用する。たいていの新知見は先人の蓄積のうえに成り立っている。

自分がまったく新たに考え出したことなど、ごくわずかしかないはずなのだ。純粋にオリジナルな仕事は、まずほとんどないと思っていい。

すべての学問は、歴史と伝統のなかで蓄積された情報を最初にフォローすることから始まる。過去の知識を整理してはじめて、自分の仕事の立ち位置が見えてくるのだ。「学ぶ」という言葉は、「まねぶ」(真似をする)に由来するのだから。

たとえば江戸時代に絵画の一大勢力となった狩野派は、このコピー&ペーストを自由自在に用いている。彼らは修業時代に莫大な数の絵を模写し、研鑽《けんさん》を積んでいった。こうして、当時の権力者たちの絶大な支持を得ていったのである。

世間が要求する大多数の仕事は、オリジナリティを発揮する必要のないものだ。これは逆説的なようだが、重要な考えかたである。多くの人は、オリジナルな仕事をしなければならないという強迫観念にとりつかれている。この亡霊からまず逃れることが大切なのだ。

日本を代表するフランス料理のシェフである三國清三（一九五四〜）は、オリジナリティについてこう語る。

絵でも音楽でも同じだと思うが、オリジナルというものはそう簡単にできるものではない。まず真似をして技術を徹底的に磨くことだ。ピカソやセザンヌの絵を完璧に模写できるまで訓練すれば、技術というものは必然的に備わってくる。（中略）

完璧に模写ができるようになって、そこから初めて自分のアレンジを加えていけばいい。本当の天才は別として、僕ら凡人はそこからやっとオリジナルな表現に踏み込むことができる。

（三國清三『料理の哲学』青春出版社、七二ページ）

料理でも著作でも状況は同じなのである。オリジナルなアイデアというものは、何十年間も同じテーマに集中したのちに、はじめて一つ出せるかどうかというところだ。

のちに述べる〝ライフワーク〟の段階（第6章3節、二五四ページ）の話である。最初からデカルトやアインシュタインにはなれないのである。

情報発信は、他人の仕事をコピー&ペーストすることから始まるといっても過言ではない。仕事の効率的な起動装置（スターター）としては、とりあえずコピー&ペーストで十分という姿勢で臨むのがコツである。

レポートから簡単な著作まで、この考えはすべてに当てはまるものだ。本節では「コピー&ペースト法」と呼ぶことにする（なお、この方法は最近問題となっている大学生のレポートやウェブサイトの無断引用とはまったく異なるもので、二五二ページでも述べたように、その点は厳にご注意いただきたい）。

「オリジナル」「クリエイティブ」を分ける

ここで、言葉を使い分けてみよう。

デカルトやアインシュタインがたどりついた大発見を「オリジナル」と呼ぼう。それに対して、そうした過去の情報や知識を組み替えて、ほんの少しだけ新しい装《よそお》いにしたものを「クリエイティブ」と呼ぶことにする。

このような見方で、はじめにオリジナルとクリエイティブをはっきりと峻別《しゅんべつ》しておくのだ。

たしかにオリジナルのほうがずっと価値が高いのだが、最初からこれが可能だとは思わないようにするのである。ここに、わざわざ言葉を分ける理由がある。

「コピー&ペースト法」は、日本文化の根底にもある。仏教学者の増谷文雄（一九〇二～一九八七）は日本の仏教に関してこう述べる。

（略）文化はまた、つねに、複雑化したものを、整理し、要約して、しだいに単純化する傾向をとる。（中略）

もし、受けとったものが、すべてそのままに置かれたのでは、わたしどもは、うずたかい文化の乱雑な集積のなかに埋もれてしまうであろう。だが、わたしどもは、それらを整理し、要約し、単純化して、それをわがものとした。（中略）

わたしども日本人は、文化の創造という面では、世界にたいして、まったく寄与するところがないにひとしい。だが、雑多の文化を受けとって、これを整理し、要約し、単純化するという面においては、いつのまにか、民族の性格的なものをもっているようである。それもまた、文化にたいする重要な寄与であることを自覚したいと思うのである。

（増谷文雄『日本人の仏教』角川選書、二一四～二一五ページ）

ここで、「整理し、要約し」といっていることこそ、まさにコピー＆ペーストである。アウトプットを効率よく生み出すための起動装置としては、「コピー＆ペースト法」が最適なのである。

2 情報を「おいしく」料理する

クリエイティビティは引用文献の多さに比例する

「コピー&ペースト法」はアウトプット優先主義の要となる方法論であるが、上手にこれを実行するためには、世の中ですでに蓄積された情報の検索能力が必要となる。ここで理系のすすめる簡単な方法を指南しよう。

アウトプット優先主義を標榜《ひょうぼう》する私は、まず先人たちの知恵をすべからく集めることに集中してきた。本質を抽出する仕事の前に、仕込みの作業に入念に時間をかけるのだ。といっても、もちろん無駄のないように時間効率をよく考えながら情報を集めるのではあるが。

極端かもしれないが、あるテーマに関して数冊の本を読んで、そこからまとめあげれば一本のレポートは書ける。これだって十分にクリエイティブな作業である。

最初からオリジナルな仕事をめざすのは危険でさえある。むしろコピー&ペーストに徹して、クリエイティブな作業を倦《う》むことなく積み重ねることに集中したほうがよいのだ。

部分部分で自分なりの新しいまとめを提示できるようになれば、それで十分である。これが一〇個、五〇個とふえてゆけば、クリエイティビティは飛躍的に高まる。クリエイティブな仕事とは、極端なことをいえば、引用文献の多さに比例するといってもよいかもしれない。

じつは情報検索には、正しい方法と誤った方法とがある。正しい方法とは、現在の目的にしぼって情報を集めるということだ。逆に誤った方法は、やみくもになんでもよいから集めたり、本来の目的を忘れて情報収集に没頭したりすることである。

たとえば私の場合、富士山の噴火をテーマに本を書くとなれば、次のような情報ソースを使用する。

①富士山に関する学術論文
②定番となっている火山学の教科書
③富士山に関する書籍
④最近の新聞や雑誌に掲載された記事
⑤学会や勉強会での口頭発表の情報（耳学問）
⑥インターネット情報

ここでのポイントは、いま必要となる箇所だけピックアップして、情報の入手をはかることである。本や論文であれば、その該当箇所に付箋をつけたり、印をつけたりする。可能であれば、直接メモを書き込むこともある。

「読まずにすませる」本と新聞

情報収集のさなかでは、当面の目的以外の内容を読んだり、横道に逸《そ》れたりするようなことは、極力避けたい。目的遂行に最大の注意を払うのだ。

新聞や雑誌も同様である。自分のテーマに必要な箇所だけ飛ばし読みをしながら、チェックを入れてゆく。いま何を収集すべきかをつねに意識することは、たいへん重要である。

著者のうまい言い回しに乗せられてほかの部分に気をとられ、頭のメモリーを使いはたしてしまうことがよくある。ついおもしろくなって読み耽《ふけ》ってしまうと、足りなくなるのは時間だけではない。

むしろ思考のメモリーを食ってしまうほうが、当面の仕事には害毒となるのだ。このメモリーのことを、本書では〝脳内メモリー〟と呼ぶことにする。

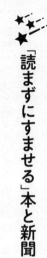

たとえば、新聞なら、見出しだけ先に目を通す。スポーツ記事や連載マンガを読みはじめてはいけない。雑誌では目次を一読して、開く箇所を最初に決める。

中身まで読んでいいのは、目的に合致した項目だけである。そのほかの目に入ってきた情報は、自動的に別ルートに流れてゆくように頭のシステムをつくっておくのだ。

どうしても気になるなら、ファイル作成の項で述べたように、とりあえず切り抜いてクリアフォルダーに放り込んでしまう（五六ページ）。パソコン上ではキャプチャしてＰＤＦで保存する。これならば単純作業なので、時間と脳内メモリーを浪費しないですむ。

新聞や雑誌を隅々まで読み込むのは、効率的なアウトプット優先主義からはもっとも遠い行動である。これはオフの時間にこそふさわしい行為なのだ。

インターネットもまったく同じである。ネットサーフィンをするなら、目的の関心テーマにしぼること。インターネットはいちばん横道に逸れやすい〝危険なおもちゃ〟なのだ。

もちろん情報を集めていると、余禄として意外なおもしろい情報が得られることもある。このような場合にはルールを決めておく。オマケの情報には、その場では深入りしないのだ。ブラウザに必ず存在する「お気に入りサイト」に保存しておけばよい。

私の場合、たとえば火山噴火の記事を探していて、たまたま津波の興味深い記事を見つけたとする。そのときには決して本文は読まずに、雑誌名とページを記入してただちに切り取ってしまう。

そして津波関連のクリアフォルダーに放り込んでおくのだ。関連記事がある程度溜まってきたら、そこではじめて目を通す。これも「棚上げ法」の一種である。

もし、のちに津波について何か調べる機会がなければ、このクリアフォルダーの中身は、ぜんぜん読まれないことになる。この情報がのちにどこで活きてくるかは、第9章「未来の自分をプロデュースする」であらためてくわしく取り上げることにしよう。

講演会や学会においても要は同じで、漫然と聞くようなことはしない。いま必要としている話だけに集中する。すべてを聴こうとするとアタマがそれだけでいっぱいになってしまって、何も聴いていなかったに等しい結果を招く恐れがあるからだ。

じつは、これがいちばんむずかしい。ちょっと空いている時間帯に別の話を聴きにいって、アタマが飽和してしまった失敗を何度も経験したことがある。だから、ほんとうに必要な話だけを聴いて、あとは虫食い状に時間が空いても、そのままにしておくほうがいいだろう。

何事も現在の目的から外れたことは決して深追いしない――これが最大のポイントである。余計なことに時間とエネルギーを費やさないように行動を律するのが、ここでの鉄則なのだ。

そうすると、本を最後まで読みきることも、また映画を最後まで観るのも、ぜんぜんエライことではなくなる。書物は読破しないとダメだなどという呪縛から、一刻も早く逃れてほしい。なんでも必要な箇所からだけ情報を採取するのが、理系的方法論なのである。

わが家には、私がどこかで引用した本やビデオがたくさんありながら、そのほとんどは最後まで読んだり観たりしてはいない。それでも知的アウトプットは十分にこなせるのだ。

むしろ、そのようにしなければ、他人の本を読むだけで、一生があっというまに過ぎてしまうではないか。もちろん作品を味わうことは別の次元でたいへん大切だが、情報の取捨選択には完璧主義が最大の敵なのである。

食材を集める、料理をつくる

このような作業で、短期のレポートや企画書に必要な情報は、十二分に集まるだろう。ただし、集めた材料からストーリーをつくってゆくには、別の技術が必要となる。

少し強引ではあるが、これを料理で説明してみよう。農家が丹精こめて野菜をつくることと、それを使ってフレンチの料理人がおいしい料理をつくることとは、当たり前だが別の技術である。

よい料理をつくるには、できるかぎり最高の食材を手に入れたい。これが情報の収集にあたるだろう。極上の食材を集めるだけでも知識と経験が要求される。よいものを得るには、その入手ルートをもっていなければならない。そのためには人脈が必要だ。

たとえば、京都の老舗フランス料理専門店レ・シャンドールの田島福廣シェフは、食材の仲買人にも本物のフォアグラを食べてその味を知ってもらうことで、真の良品を入手するそうだ。

しかし、それだけではフランス料理は完成しない。もちろんシェフの腕が必要だ。ここで、材料をいかにおいしく変化させるかという新しい仕事が発生する。

農家が、太陽と水と種などから、極上の野菜をつくるのがオリジナルな仕事だと位置づければ、食材を最高度に活かすシェフの仕事こそがクリエイティブな仕事なのである。

私が専門とする地球科学の例をあげてみよう。

私にとって一次データを生産するのは、火山の地質調査にあたる。毎日コツコツと山を歩いて岩石を調べ、ここでみずからの発見となるオリジナルな仕事を四十年以上続けてきた。これは農家の仕事に相当する。

その後、火山、地震、構造地質などのデータを合わせて、地球全体の動きを探る仕事を手がけた。これは「テクトニクス（地球変動学）」と呼ばれ、フランス料理のシェフの仕事に相当する。

前に出した言葉を用いるなら、オリジナルではなく、クリエイティブな仕事に近い。二次データや三次データとして、価値のある新知見を生み出してゆくのである。

テクトニクスの仕事は、寄せ木細工にも似ている。たくさんの木片から見事な作品をつくりあげるところに、クリエイティビティがあるのだ。

大量の雑多な一次データから本質が見えてくるには、ある程度の時間が必要である。だれにもすぐに見えるものではない。一流のクリエイターとなるには、それなりの修業がいる。

といってむずかしい訓練をしろといっているのではなく、自分でデータを並べてよく見くらべながら、そこにある差異や関連性を見つけてゆくだけである。最終的には経験がものをいう。全体を根気よく見つづけなければならないのだ。これも「一望法」の手法の一つである。

別々のデータから、ある関連性を見つける作業は、決してむずかしくない。たとえば個々のデータを、一つの切り口で眺めてみるのだ。ある観点で、統一して、客観的に考えてみるといったアタマの使いかたである。

もし数字のようなものであれば、X、Y座標にプロットしてみてもよい。バラバラのなかから、たいていはデータがなんらかのまとまりを示しているはずだ。その傾向をまずは直観的に読み取るのである。

こうやって、全体の志向性が徐々に明らかになってくる。

データを並べて、まず観察

「コピー&ペースト法」は、低エネルギーで知的アウトプットを行う手法である。コピー&ペーストをくりかえすことによって、膨大な情報やデータのなかに関連性を見つけることができる。そのために最初にラクな作業から取りかかろうというのだ。

たとえば、たくさんの著作から関連する情報をすべて抜き出してゆく。そして、パソコンにどんどん打ち込み（コピー&ペースト）をしてゆくのだ。

そのうち、同じようなことを述べている内容をいっしょにまとめてゆくと、一つの方向性が見えてくる。コピー&ペーストは、じつは考えはじめる前にデータの集合体を用意することと同じなのである。

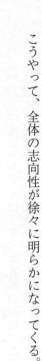

まさか誤解することはないと思うが、念のため註釈を加えておくと、こうした作業はあくまでも情報を集め、整理する前段階でのいわば陰のテクニックである。コピー&ペーストした他人の文章を、そのまま自分のものであるかのように公の場に出すことは断じて許されない。

ましてや最近、大学生のレポートや、商業出版物でも多発しているというウェブサイトなどからの無断引用は、もちろん論外である。そのことは十分に認識しておいてほしい。

さて、関連性や差異が見えてくるには、直観も大切な要素である。人の直観にはものすごい力が秘められている。

直観といっても、なかなか具体的な方法としては表しにくい。だから各種の本では〝直観〟とか〝ヒラメキ〟とかでごまかすのだが、そんなに崇高なものではないのだ。

ふだんから気づくような考えは、すべて直観の賜物《たまもの》である。データを見やすくきちんと並べ、その直観を働かせてみるだけなのだ。これも、いってみれば

「一望法」である。

知的生産というものが、何か気高く、むずかしい作業であるかのような誇大妄想から、ここでは解放したいと思う。とにかくデータを見やすく並べてみることにつきる。

ひと目でわかるように表示して、明らかに目につく関連性や差異それ自体が、大事な知的アウトプットなのだ。経験が必要なのは、むしろ並べる技法のほうである。

くりかえすが、「コピー&ペースト法」は、情報処理のいちばん最初に行う手段である。この段階で知的生産の基本スタイルを身につけてしまおう。作業のシステムをここで確立できれば、あとはそれほどむずかしいことではないはずだ。

3. オリジナリティはどこからくるか

まず「ライフワーク」を設定しよう

知的アウトプットには、量的かつ時間的な観点から、三つのパターンが想定される。

第一は、あるテーマに関して突然、何らかの原稿を書く必要が生じたときである。

たとえば、提出期限の決められた企画書、学生が書くレポートなどもこれに含まれるだろう。可能なところから取り急ぎデータを入手し、コメントをまとめあげる。この場合には、伝えるメッセージを一つにしぼることが肝要だ。時間的には一週間から一カ月程度の作業期間だろう。

第二は、大量のデータとある期間を与えられて、そこから何らかのメッセージを提案する場合である。時間をかけてデータを分析してテーマを見出し、意味のあるアイデアを抽出してゆく作業をする。

これまでだれも発していない新しいアイデアが望ましい。できれば一つではなく、複数のアイデアが盛り込まれた文章の集合体を書き上げるのだ。

たとえば、一冊の薄い本を書く場合がそうだ。新書一冊ぶんにあたる原稿用紙三〇〇枚程度のまとまった文章を生産する。時間的には半年から一年くらいの期間にあたるだろう。

そして第三のケースが、自分が長年温めてきたテーマに基づいて、何らかのアウトプットを行いたいときである。

時間をかけてすでに集めた材料から、オリジナルな作品を提出しようとする、文系人の得意な熟成型の知的生産といってもよい。かなり厚手の本を書いたり、博士論文をまとめあげたりするのもこれに相当する。ときには十年以上もかかる、文字どおりのライフワークとなる。

第一と第二の場合については、これまで述べてきた理系的な方法で十分に対処できる。前節までに説明してきたことは、第三のケースのためのいわば準備作業にもなるのである。

最初はコピー&ペーストだけでもよいから、できるだけたくさんのアウトプットをしてみることだ。この過程で、整理したりまとめたりする力がどんどんついてくる。アウトプットの量が、次のステージに待ち受ける仕事の質を決めるのである。質を高めるためには、ある程度の量もこなさなければならない。矛盾するようだが、じつは「コピー&ペースト法」を完全にマスターするには、十年くらいの時間がかかるだろう。積みあげたコピー&ペーストの総量が、いずれそのままオリジナリティの深さを決定するといっても過言ではないのだから。

小さくてもいいから、個々のクリエイティブな仕事を積みあげ、経験を十分に積んだうえでさらにオリジナリティにも挑戦してみよう。

本から「クリエイティブ」を得る

オリジナリティとクリエイティビティを意識しながらアウトプットを行うことは、とても大切である。これは本章の基幹を成す考えかたといってもよい。

ここであらためて両者の典型的な差異として、ギリシア劇を例に考えてみよう。いまから二千五百年ほど前の古代ギリシアで、ギリシア悲劇・ギリシア喜劇と呼ばれる最高度の演劇が誕生した。

その後の人類が生み出した演劇のプロット（骨組み）の大部分が、すでに含まれているともいわれている。後世の演劇は、ギリシア劇の味つけを変えたにすぎないとさえみなされる。かようにギリシア劇はオリジナルの原点なのである。

ただし、ちょっとしたものでも変化をつければ、それはクリエイティブな仕事になりうる。後世の演劇に価値がないわけではないのだ。

たとえば二十世紀フランスの劇作家アヌイ（一九一〇～一九八七）は、ソフォクレス（前四九六ごろ～前四〇六）の『アンティゴネー』を題材に戯曲を書いている。オリジナルはソフォクレスにあるものの、アヌイの作品はきわめてクリエイティブな傑作である。

このような視点で、オリジナリティとクリエイティビティを区別しながら、自分の仕事に取り組んでほしいのだ。

本にだって、オリジナルな本とクリエイティブな本とがある。オリジナルな本には、思想家が何十年も考え抜いて頭からしぼりだした結論が書かれている。新しい考えかたが書いてあるわけだが、必ずしもわかりやすいわけではない。

それに対して、このオリジナルな本から上手にエッセンスをまとめて、理解しやすく叙述した本がある。ここにはオリジナリティはないかもしれないが、かわりにクリエイティビティが豊富に含まれている。このタイプの本も、世の中には大いに貢献する。

本書がめざしているのも、クリエイティブなタイプの本だ。いってみれば、梅棹忠夫や野口悠紀雄、立花隆や齋藤孝などの先駆者たちの知見をまとめなおしたものだが、彼らの著作に私なりの理系的な味つけを施したつもりである。たとえば本書では、先人たちのアイデアを具体的にイメージしやすいように、「○○法」といったネーミングをつけてみた（巻末三六二～三六三ページ参照）。こうすることで、何をすべきなのかがひと言で理解できるよう試みたわけだ。エッセンスを抽出するのも、きわめてクリエイティブな仕事だと思う。

齋藤孝のベストセラー『声に出して読みたい日本語』（草思社）は、クリエイティブな本の筆頭だろう。すでに知られている有名な文章をそのまま載せて、それらを声に出して読もうと提案した本だった。オリジナリティよりもクリエイティビティが、世間では受け入れられたのだともいえよう。

ちなみに以前、この本が「だれにでも書ける本だ」と評されたことがあるそうで、齋藤孝はこの発言に対してひどく怒り、「決してだれにでも書ける本ではない。どんな文章を選ぶか、それに対してどのような解説文をつけるかに、この本の大きな価値がある」と反論したという。

批判者はオリジナリティを問題にしたのであり、齋藤はクリエイティビティの価値を主張したのである。

『声に出して読みたい日本語』は、クリエイティビティを極めた最高峰といってもよいと私は思う。だからこそ、たくさんの人に受け入れられてミリオンセラーになったのだ。

時としてオリジナルな本はあまり受け入れられない。それに対して、上質のクリエイティブな本は、非常に多くの人に支持される。

齋藤孝はその後、『座右のゲーテ』『座右の諭吉』（ともに光文社新書）など、偉大な思想家の解説書を次々と刊行している。いずれもクリエイティビティを発揮した優れた本だと思う。

先駆者たちの知恵を魅力的に伝える仕事は、それだけでクリエイティブな作業なのである。

隙間法

オリジナルはどこにでもある

クリエイティビティをめざして膨大な量のコピー&ペーストをしていると、先人たちが書いていないところに、大事な点が隠れていることに気づくことがある。重要なテーマであるはずなのに、そこにぽっかり穴がある。

ここにこそ、オリジナルな仕事の芽が潜んでいる。いわば「オリジナルの隙《すき》間《ま》」といってもよい。この隙間が見えてきたら、次の目標をここに設定して、集中的に関連情報を集めてみよう。このような方法を「隙間法」と私は呼んでいる。

隙間には先人たちの足跡がないので、ここでやった仕事はすべて新しい内容を生み出す可能性がある。オリジナリティに一歩近づいたのである。隙間にオリジナルな種（シーズ）が隠れていたのだ。

野口悠紀雄は、政治報道の隙間から、もっとも本質的な情報を読み取るエピソードを紹介している。

旧ソ連時代に、クレムリン・ウォッチャーは、『プラウダ』に何が載っていないか、とくに誰の名前がないかを、綿密に探した。当然載っているべき人の名前がなければ、失脚した可能性が高い。

「見えるものの中からとくに目立つもの」を指摘するのは、素人《しろうと》にもできる。しかし、「あって然《しか》るべきものがない」と指摘するには、

対象に関する深い知識が必要である。（中略）

テーマに行き詰まったら、考察対象を仔細に眺め、「何がないか」と探すのもよいだろう。

（野口悠紀雄『「超」文章法』中公新書、二三ページ）

「隙間法」を活用した見事な逸話ではないだろうか。ライフワークのテーマを設定するさいにも、先人たちの隙間から作業を始めるのが、いちばん効率のよい方法である。

私が地球科学の研究で行っているのも、まったく同様の方法論である。『声に出して読みたい日本語』も、本来、漢字を使った表意文字の文化を基盤とする日本語を、音読の世界に導いていったところに先見性があったのだともいえる。

コピー＆ペーストから仕事を始めること、クリエイティブな仕事をすること、隙間を上手に見つけること――この三点が本章で覚えておいてほしいエッセンスだ。

これらの作業が十分に軌道に乗ってきたら、オリジナルな仕事への道が見えてくるはずである。

第III部

いよいよ書き出す！

第7章

とにかくラクに書きはじめる技術

イタリアのミラノ市内にあるレオナルド・ダ・ヴィンチ記念国立科学技術博物館。彼は芸術家・科学者・技術者という三つの分野で大きな業績を残した。

1 まず「構成」を考えよう

三脚法 すべてを「三つ」で構成する

第Ⅲ部からは、いよいよ本格的なアウトプットの方法論に入る。

ここでの目的は、得た情報からいかに効率よくアウトプットを生産するかである。理系的なアウトプットの実行と将来への準備がテーマとなる。

たとえば文章の書きはじめは、何をどうすればよいのだろうか。こういう具体的な場面に必要な考えかたとテクニックを考察してみる。

最初に、アウトプットをラクにする三部構成法について紹介しよう。全体の構成を立てるためには、まず大枠として話を三部に分けてみるのがよい。テーマとメッセージに応じて、書きたい内容を大きく三項目に割りふるのだ。三部に分けるというのは、カメラの三脚を立てるのと似ている。足場は四点では安定しない。どれか一本の足が浮いてしまうからだ。それに対して三本足の場合には、そのうちの一本が少し長くても短くても、安定していられる。文章の構成も同様で、多少長くても短くても、だいたいのバランスがとれていればよしと考えるのである。したがって、ここでは三部構成に分けることを「三脚法」と名づけよう。この「三脚法」は、たくさんの文筆家が有効な方法だと説いている。いくつか例を引いてみよう。

(略) あるテーマで一つの論文を書くとしよう。そのテーマを展開していくキーコンセプトを三つつくり出す。(中略)

三つのキーコンセプトを抽出する場合、その三つが同じようなものではダメである。

性格の違う三つのキーコンセプトを取り出して、その三つをつなげる論理を組み立てていく。

このときに自分の考え方がはっきりしてくる。(中略)

三つのキーコンセプトは、その文章全体を構築する三脚である。

(齋藤孝『原稿用紙10枚を書く力』大和書房、一〇六〜一〇七ページ)

そしてこの「三脚法」は、思想史的にも意味のある方法なのである。

哲学者の鷲田小彌太(一九四二〜)はこう解説する。

「三分割で考える」というのは、(中略)ものを考えた天才たちが、いってるんです。(中略)世界に起こるあらゆる問題を、私は解決してやろう、そう考えた人です。そして、その答えを出した人です。その最初が、プラトンという人です。それから、近代ではヘーゲルという人です。(中略)

その人たちが採用した考え方が、「三分割法」なんです。気取っていうと、弁証法ですね。dialectic。教科書では、「正－反－合」なんていいますけど、(中略) 三つに分割して考える行き方です (略)。

(鷲田小彌太『「自分の考え」整理法』PHP文庫、二〇～二一ページ)

つまり「三脚法」は、正反対の二つの内容と、その中間に成り立つテーマを導き出せば、すぐにできあがるのである。

三つに分ければ、あとは天国

こうして大きく構成を三部に分けたあとは、種類の異なる〝引き出し〟をそれぞれに用意する。三つのカテゴリーが明確に異なっていたほうが、あとの作業がラクになるはずだ。そこから「棚上げ法」を用いて、どんどんとデータやメッセージを放り込んでゆくのだ。

はじめから具体的に説明してみよう。

まず、主題となる一つのメインメッセージを、三つのサブメッセージに分割する。いわば三本の柱を立てるのだ。音楽や演劇の理論から生まれた「序破急《じょはきゅう》」と考えてもよいし、序論・本論・結論でもよい。

はじめに問題点を提起し、次にそれを展開する。最後に内容を総括してまとめあげれば、これで合計三つの柱ができあがる。はじめの段階から三部構成と決めてしまうことによって、論点が整理され、かつ論理の展開が容易になる。このように分割することで、むずかしい言いかたをすれば、錯綜したアイデアを思想化するのである。

「三脚法」は、三種類の異なる話をもちだせば、とりあえず成立する便利な方法なのだ。古典落語の三題噺《ばなし》も、こうして組み立てられているといってよいのではないか。

実例として、拙著『成功術 時間の戦略』と本書の構成を取り上げてみよう。いずれも知的生産に関するテーマを主題とした本であり、企画を練り上げる当初の過程で、三部構成として立てていったものである。『成功術』では、初級編、中級編、上級編と三部に分けた。ビジネスパーソンや大学生が学びかたを知る本なので、学習の過程に応じて段階分けしたのである。

これに対して本書では、システムの整備（ハード面）、情報整理と発想法（ソフト面）、実行と将来への準備（実行面）というように分けてみた。ここでは知的生産のプロセスの順に解説しようとしたのである。いずれの本も、時間的発展を三部構成の基礎としている。

野口悠紀雄は、論説的な文章はすべて三部構成で書くべきだと説く。

文章の構成について、昔から「起承転結」ということが言われてきた。しかし、これはもともとは漢詩の形式である。現在では、文学的エッセイで用いられる形式だ。（中略）

学術的な論文の場合には、序論・本論・結論の三部構成にするのがよい。

面白みはないが、最初から妙技を求めるのでなく、手堅くやろう。

（野口悠紀雄『「超」文章法』中公新書、九五ページ）

本書の主要なテーマは知的生産の方法論であり、そこにはハード面とソフト面がある。本来はそれぞれワンテーマでもよいくらいなのだから、三つもあれば十分である。一冊の本のなかに、たくさんのテーマを盛り込むべきではない。テーマを最初から三つにしぼるのは、あれもこれもと考えて、脳に余計な負担がかかるのを最初から避ける意味もある。こうして三つの柱に原稿を次々と放り込んでゆくと、アイデアがきれいに分類されてゆく。

私は論文でもエッセイでも、すべての文章は「三脚法」で書くのがよいと思う。その最大のメリットは、最初にストーリーを立てやすい点にある。その結果、書き出しをラクに始めることができるのだ。また、自分の思考パターンそのものに「三脚法」を採用すると、考えがスッキリまとまりやすくなる。「三脚法」の習慣は文章作法のみならず、いろいろな場面で有効なのである。

2 章と節は三×三×三で

ひと言法 メッセージは一つだけ!

三部構成ができあがったら、各部に三つの章を立てる。三×三で総計九章のテーマができたら、さらに各章にそれぞれ三つの節を立てて合計二七の節をつくってみよう。

三の倍数で分けてゆく考えかたは前節で述べたものと同じである。なるべく概念の異なる柱を三つ立ててゆくようにするのだ。「三脚法」の応用編である。

じつは、この九章を立てるプロセスが、一般的にかなりむずかしい作業となる。私の経験からは、もっともアタマを使うところといってもよい。九章をバランスよく配置することができれば、全体を貫く柱が見えてくる。

九章のテーマができあがってしまえば、二七節を立てることは比較的やさしいはずだ。そして、手持ちのデータとアイデアを、この二七節に組み込んでゆく作業を行うのである。

二七節には、それぞれに一つずつ、小さなメッセージを書き込むようにする。全部で二七の主題を主張することになるわけだ。ここで一節のメッセージを一つにしぼる手法が、たいへん大事なテクニックとなる。

野口悠紀雄は、一冊の本ですら、ひと言で言い表せなければならないと断言する。

ある命題を「メッセージ」と言えるかどうかは、どのように判断できるか？

第一の条件は、「ひとことで言えること」だ。

この規定は、単なる外形基準であり、内容とは関係がないと思われるかもしれない。しかし、私の経験から言うと、これこそが最も重要な条件である。

(略)私がこれまで書いた他の本の場合も、メッセージは、ひとことで言える。(略)

(野口悠紀雄『「超」文章法』中公新書、一二〜一四ページ)

本書では、この方法を「ひと言法」と名づけよう。一節にどのような〝ひと言〟を盛り込むかを、最初に考えてしまえばよい。たくさん盛り込まないほうが読みやすく、また書きやすいものである。

「ひと言法」に沿って、一つひとつ節を埋めてゆくにつれて、成果が目に見えてくるようになる。

こうなると、執筆がしだいにラクになってゆく。何事においてもラクな方法をとるのが、本書に流れる理系人の基本姿勢なのだ。

ところで、アウトプットを効率的にするために、節の見出しにあたる項目立てに時間を費やすことは、たいへん意味がある。見出しには、先のひと言にもなったキーワードが入るはずである。

こうしておくと、書きはじめてからテーマとメッセージが拡散することなく、うまくまとまってくるのだ。

二七枚の紙を並べて節を立てる

次に、おのおのの節の内容を満たしてゆく簡便な方法を教えよう。

私がよく用いている方法として、コピー用紙を活用しながらメッセージを確定する方法がある。一枚一枚バラバラになり、一冊に綴じることもできるコピー用紙の特長を活かして、できる箇所から内容を埋めてゆくのである。

まず、コピー用紙を九枚用意する。全九章ぶんである。使うのはやはり片面だけだ。九枚の紙の隅には、すべて通し番号をふっておく。そうしておいて、一枚ごとに三節ぶんの主題を書き込んでゆくのだ。

とにかく、簡単に思いつくところから、キーワードをどしどし書き込んでゆく。そして、すべて書き終わったところで、九枚のコピー用紙を机の上に並べて眺めてみる。ときには九枚の位置を入れ替えたりして、流れのよいつながりを模索してみることもする。

そうしてゆくうちに、不足している情報が見えてくる。そこで、先に述べた「三脚法」の考えかたにしたがって、足りないカテゴリーは何かを考える。

たとえばキーワードを一つ出したら、それと対照的な内容を考える。対になる概念といってもよい。これら二つが決まったら、今度はそれらを上から包括するようなテーマを考える。最初の二つとは異なる範疇《はんちゅう》のキーワードを探すのだ。

こうしてゆくと、比較的容易に各章三本の柱が見えてくるだろう。哲学では

「弁証法」といわれる方法論である。あとでいくらでも直すことを前提として、関連することはとにかく書き込んでしまえばよい。

二七節の内容に即して、集めた資料とデータの分類も行ってみよう。これらがメッセージを肉づけするための貴重な情報となるのだ。本文で提示する図、表、写真、引用文なども選択する。それぞれに挿入する節の番号をつけてしまうとよい。

最初からアウトプットを考えて厳選した資料が、ここで活きてくる。いちばん簡単に執筆できそうな箇所から中身や図表を充塡《じゅうてん》してゆき、一つの節に必要なすべてをそろえ一望してみよう。アウトプットの最終イメージが固まってくるはずだ。

なお、資料不足に気づいた場合は、ここから新たに集めなおす。ただし、このループは際限なく行ってはいけない。ある時点でデータ補充を打ち切る決断が必要である。

どんな場合でも、完璧主義に陥ってはならない。つねに完成品を想定しながらフィードバックすることで、無駄を最小限に省いた効率的な作業ができるのだ。

コピー用紙上に書き出した節には、ひとまず冒頭の見出しもつけてしまおう。すぐに思いつくことでよいから、「ひと言法」にしたがって、見出しとなりうるキーワードを一つ書き込む。

要するに、この節では何がいいたいのかを自問しながら、すばやく埋めてゆくのがコツである。

このほかに、各節におもしろいエピソードを一つ二つ挿入するのも効果的だ。また、できるだけオリジナルなキーワードや自分なりの造語を、本文のなかで提示してみよう。いったん造語を定義したら、そのあとで何度も挿入して使うのだ。

こうしたあらゆるテクニックを駆使することによって、自分が主張したい〝ひと言〟を読者により印象づけることが可能になる。

ファストフードは理系、スローフードは文系!?

効率的なアウトプットを行ううえでは、「拙速《せっそく》は美徳」なのである。ここでは常識にとらわれてはならない。取り急ぎ完成したら、そのあとの作業はずっとラクになるからだ。

また早く仕上げることによって、あとから種々の改良を加える余裕も生まれる。拙速とされたものが美徳に変化する瞬間だ。とにかく、思い切りよく細分化して、二七の節を立てる方法から始めて効率のよい知的生産をめざしてほしい。

ここで理系的な方法論についておさらいしておこう。すでに気づいた読者も少なくないだろうが、理系のテクニックには三つの特徴がある。

①全体が一望のもとに概観できる
②仕事がラクに運ぶ
③早く仕上がる

このような性格は、ファストフードの特徴に似ている。スローフードとは異なり、多少の手抜きでもよいから効率を上げることを、まずは最優先させるのだ。

これに対して、文系的な手法こそスローフード的だろう。食材を大事にして、徹底的に手間暇をかけて料理をつくる。豊かな文化の根源といってもよい。だからこそ文系なのだ。

しかし、いうまでもなく、仕事の忙しい合間のちょっとした時間に食事をとりたいときに、スローフードは適さない。エネルギーをすばやく摂取したいとなれば、ファストフードが威力を発揮する。味はさておき時間が勝負、という場合である。

ファストフードは、歴史的にも理系的発想から出発している。イギリスの政治家サンドウィッチ伯爵（ジョン・モンタギュー）は、トランプでカードゲームをしているさなかに、片手で食べられる料理を考案した。つまり「ラクに、手早く」である。私にいわせれば、彼こそ理系の元祖である。

それから時代が下って、いまや巷《ちまた》にはハンバーガーショップがあふれている。たしかに仕事の効率を最優先させるならば、即座に品物が出てきて、片手で口に運べるハンバーガーはもってこいである。

要はスローフードもファストフードも、両方とも必要なのである。時と場合に応じて、両者を使い分ければよいだけなのだ。すなわち、仕事や情報収集は理系的に行い、趣味を楽しんだり人生を豊かにしたりするためには、文系的に行動すればよいのである。

3 「ラクに」出だしを書き出す

「困難はあとまわし」でよい

書きはじめというのは、だれにとってもうまくいかないものである。いちばん苦労するのが冒頭の一節といってもいいくらいだ。いかにしてスムーズに文章を書きはじめるようにするか。ここにはいくつかの工夫がある。

まず、「困難はあとまわし」という考えかたにしたがって、出だしはあとで書くことにしよう。第2章2節（七八ページ）で述べた「要素分解法」の方法論である。冒頭よりもずっと書きやすいはずの本文の途中から書きはじめるのが、得策なのだ。

とりあえず書きはじめてしまう利点について、ソフトウエアエンジニアの藤沢晃治はこう主張する。

書きながら考えることの第一の利点は、書き出せないままに時間がだらだらと過ぎていくのを防げることです。考えを整理してから書こうとすると、なかなか書き出せないものです。「とりあえず書き出す」という一歩を踏み出すことに大きな意義があります。

もう一つの利点は、「書く」ことが「考える」ことを刺激してくれることです。書き始めると、書き出す前には思いもよらなかった良いアイデアが湧いてくるものです。

（藤沢晃治『「分かりやすい文章」の技術』ブルーバックス、五〇ページ）

全二七節に対して、限りある持ち時間をスケジュール配分し、もっとも書きやすいところから書きはじめる。**どこでもよいから取り急ぎ、一つの節を完成させてしまうとよい**。

たとえばデータや引用などは、比較的簡単に執筆できるので、達成感が得られやすい。ここで、第2章以降で述べた、時間管理の戦略が活きてくる。心理的にも順調に進むようにはかることは、仕事のスピードを上げるためにとても大切である。

書き出しにも「コツ」がある

出だしに何を書くかは、きわめて重要である。文章の達人になると、読者を惹《ひ》きつけ、いちばん入りやすい文章を冒頭にもってくる。読者がいつのまにか本論へと導かれてしまうようにするのだ。これに関して、鷲田小彌太はおもしろいエピソードを紹介している。

日本で一番、ものを書くのが上手な人といわれたのは、清水幾太郎《いくたろう》です。（中略）すごいのは、何の気なしに話が始まるのです。すーっと出だしから入っていくんです。（中略）つまり、最初、一番やさしいとこ、一番入りやすいところから、入っていく。（中略）（略）いわゆる緊張を解くためのスタイルなんです。工夫なんですね。だから、苦心の作であればあるほど、なるべく普通の言葉で、すっと入っていくものです。

（鷲田小彌太『「自分の考え」整理法』PHP文庫、七六～七八ページ）

清水幾太郎（一九〇七～一九八八）は一九五九年に、『論文の書き方』（岩波新書）というベストセラーを出した社会学者である。彼の知的生産術も一世を風靡《ふうび》したことがある。彼は文系であるが、きわめて理系的な手法で仕事をしていたように私には思える。文理両道に通じた知的生産者であったのだ。

これと同様に、小説家の村上春樹(一九四九〜)も、やさしい書き出しで長編を始めることで知られている。


(略)最初、一番やさしいとこ、一番入りやすいところから、入っていく。これが村上春樹という小説家が、成功した原因なんです。もう、全く何の気なしに入っていくよ。長編の『ねじまき鳥クロニクル』。スパゲティを煮てるとこからでしょ、電話がチリチリンとくる。何回もくるんですね。全く何の変哲もない、つまんなーいところから始まる。(中略)

(略)私は村上春樹の入り方は、うまいと思う。

(鷲田小彌太『「自分の考え」整理法』PHP文庫、七七ページ)


清水にしても村上にしても、たいへん身近な情景から作品を書きはじめている。これは、そのあとにどのような論述を展開する場合にも使えるテクニックである。もし文章の出だしに時間がかかりそうになったら、この方法で切り抜けてみよう。

このような工夫をこらしながら、できるかぎり早く二七節に規定の文字数を埋めてしまうのである。

呼び水法　アイデアは人に引き出してもらう

本書のコンセプトの一つは、体調や気分に左右されずに、コンスタントにアウトプットが生産されるシステムを確立することにある。ここでラクに書きつづけるためのコツをいくつか紹介しようと思う。

長い文章が要求されていればいるほど、どうしても残りの必要字数が気になって憂鬱《ゆううつ》になってしまうものである。これを回避するためには、とにかく字数を埋めて達成感を得るしかない。

そこで〝呼び水〟という概念を紹介しよう。井戸から水を汲《く》み出そうにもなかなかはかどらないというときに、上から少しだけ水を入れてやり、そのあと連続的に汲み上げるようにするとうまくゆく。これが呼び水と呼ばれるものだが、文章の執筆に関してもこのような方法は有効である。

ここでは「呼び水法」と呼んでみよう。ラクに書きはじめるためのコツの一つである。

たとえば私は本の依頼を受けたときに、編集者と内容に関してとことんアイデアを詰める。編集者と話をしながら、その時点で二七節のアウトラインをつくってしまうように意識するのだ。

こうすると、企画の骨子はすでにできたも同じ。編集者との対話がアウトプットのきっかけとなるのだ。

ある編集者は、このとき自分がとったメモをメールで私に送ってくれた。そして、それがそのまま本文の書き出しとなったのだから、まさに編集者が呼び

水を送ってくれたわけである。

「呼び水法」は、いわば人との対話によって自分の頭の中のアイデアを呼び起こし、具体的にイメージできるようにまとめる方法である。

アイデアを次々と引っ張り出してもらうように対話するのだ。これは、古代ギリシアの哲学者ソクラテス（前四六九〜前三九九）に起源を求められるほど古典的な方法論といえる。

すなわち、自分がほんとうにそのことをわかっているかどうかは、人に話してみればよい。対話してみると、論理が通っていない箇所などがたちどころに見えてくる。

ソクラテスは、私たちの頭にある誤った考えかた、思い込みを「ドクサ」と呼んだ。そのドクサを取り除くために、彼は街中に出て延々と議論をふっかけたのである。

ギリシア哲学研究家の林竹二（一九〇六〜一九八五）の文章を引いてみよう。

ソクラテスは、このドクサというものを、一連の質問によって引きだして吟味にかけるのです。そうして一つの同じことに関する多くのドクサをつき合わせてみると、その答のなかにいろいろ矛盾がはっきり見えてくる。

（中略）

人間が、それまでとらえられていた非常に頑固なドクサから解放され、自由になることができるのは、このような、問答によるドクサの吟味をとおしてである。

（林竹二『若く美しくなったソクラテス』田畑書店、四一ページ）

シミュレーションには「対話法」

そばにだれか対話する人がいない場合でも、自分の頭の中で対話することはできる。二人の人間を交互に演じ分ければよいのだ。質問を出す側と答える側の掛けあい問答である。これを頭の中でシミュレーションしてみよう。

この手法は、イメージトレーニングの一種である。パソコンに向かいながら、まるで人に語りかけるように文章を考えるのだ。たとえば、自分の親しい友人に現状の考えを語りかけるつもりで、文章を書き連ねてゆく。自分の頭にある考えはすべて書き出してしまう。

書き終わったら、今度は友人の立場に立って、書いたものを読み返してみる。なるべく他人の視点に立って、つじつまの合わない箇所などを客観的にチェックしてみよう。

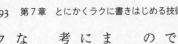

あら探しをしてもよい。他人になりすまして、批判的な観点で読み返すのがポイントである。そして、その意見やコメントを、やはりどしどし書き込んでしまうのだ。

ここまで終了したら、ふたたび自分にもどって、〝友人〟の意見に対して一つひとつ返答してゆく。不足している情報は調べてつけくわえる。ときには、他人の著書から自分の主張をサポートしてくれるような部分を拾い出して引用する。

たくさんの支援者を味方につけながら自説を補強する。こうして、〝友人〟の手厳しいコメントに逐一《ちくいち》反論してゆくのである。

そうこうしているうちに、最初に書いた文章が、いつのまにかどんどん膨らんでいるはずだ。量的にも増加するし、また質的にも向上してゆくのだ。このような対話のシミュレーションを行いつつ、パソコン上に文章として定着させるのである。

何回か攻守交代をしてゆけば、自分の意見が明確な主張をともなった文章としてまとまってくるだろう。同時に根拠が弱い箇所も見えてくるので、今後補足すべき点が発見できる。

こうしたやりとりは、実際に人に文章を読んでもらうことができれば、それに越したことはない。ひととおり一連の文章が完成してから、目を通してもらうのだ。ひとりよがりな部分を指摘してもらえれば、さらに推敲を重ねることができる。

たとえば論文を学会誌に投稿すれば、こうした作業をレフェリー（査読者）が行ってくれる。また、著作の場合には、編集者が見事に不備な部分を指摘してくれる。

しかし、このような他者が得られない場合でも、自分一人でできる方法がある。それが、シミュレーションとしての対話法である。頭の中で自分と他人とを使い分けることさえできれば、一人でも可能なのだ。

たとえばプラトン（前四二七〜前三四七）は、ソクラテスの死後も、自分の頭の中に生きているソクラテスとの対話を続けていった。それが、西洋思想の根幹をつくることになる膨大な著作群となって残ったのだ。

ふたたび、林竹二から引用させてもらう。

対話編は、プラトンと、その死後にもプラトンの魂の内にながく生きつづけたソクラテスの間に交わされた対話から生れてきたものであった、と考えたいのです。

プラトンは、実際にはソクラテスが関知しなかったようないろいろな事柄や問題についても、ソクラテスに問いかけ、その答えを引きだすというようなことをしていただろうと思うのです。

(林竹二『若く美しくなったソクラテス』田畑書店、一五〜一六ページ)

頭の中の対話は、慣れてくればうまく機能する。とにかく異なる立場で問いかけてみることだ。これを呼び水にこれまでの原稿を改善できる。これが、自分だけでできる効率的な対話法である。

自分の気持ちを書き加える

ビジネスで「書く」といえば、報告書、プレゼン資料、手紙、挨拶状などがあげられるだろう。そのような書類にこそ、これまで紹介した数々の方法をぜひ活用してほしい。

ここでのポイントは、「自分らしい書類にしなくては」という思いにとらわれることなく、だれかがすでにつくった文章を大いに活用させてもらうことにある。そして、内容の順番にこだわらず、書けるところからどんどん書いてゆけばよい。そうすればおのずと、書類は完成に近づいてゆく。

なお、この方法は、クレーム対応用の文章作成にも応用できる。そのさい、仕上げた書類（メール、手紙）のどこか一カ所に、自分の気持ちを少しだけ書き加えてみてほしい。

あれこれ思い煩《わずら》うのではなく、誠心誠意、思い浮かぶ言葉だけでいい。そうすれば、素直な心から発する気持ちが驚くほど伝わる文章になっているはずだ。

どのような場合にも、「ラクに書きはじめる」のである。それにはまず、自分の書きたいことを先に書いてみる。そのあと、クライアントや上司から要請された課題を満たしてゆけばよいのである。

作文につまずきを感じるビジネスパーソンは、必要以上に他人の評価を気にしている場合が多い。

よって、ここを上手に回避しながら、

「いますぐ書けるところ」

「コピー&ペーストでなんとか埋まるところ」

「まず自分が書きたいこと」

「今回依頼されている内容ですぐ対応できること」

を順番とは関係なしに書き進めてみる。

「報告書」でも、「セールスに直結したプレゼン資料」でも、「挨拶状」でも、「クレーム対応文」でも、この方法論は変わらないのだ。できるだけ自分のなかに潜んでいる「完璧主義」を捨て、できるところから仕事を進める。そして最後に、自分の気持ちをそっとのせてみる。

こうしているうちに、いつしか書くことがまったく億劫ではなくなってくるはずである。

第8章

だれでも読める文章に「変身」

ロンドン市内オールド・ボンド・ストリートのファッション街。個性とインパクトを重視する「ファッション」のセンスで文章に化粧を施してみよう。

1 文章には「お化粧」を

落ち穂拾い法 ブロック移動の威力

本章では、規定の文字数をひととおり書き上げたあとにやるべき仕事を考える。目的とするのは、いかに全体を説得力のある文章に仕上げてゆくかである。

前章までに説明してきた、とりあえず文章を書き上げる作業から、文章を磨くための方法へと移行する、さらに上級の仕事といってもよい。

文章に化粧を施《ほどこ》すさいには、基本的な考えかたがいくつかある。ときには内容よりも見た目が大事という考えかたで、文章に大幅な加筆をしてみよう。

前に述べた、余裕をもたせるためにつくりだしたバッファー時間を活用して、あらゆる読者にとって読みやすい文章に整えてゆくのだ。

論旨が定まってきたら、最後に文章をブラッシュアップしてゆく。まずは、文章全体がわかりやすい構成になっていなければならない。それをチェックするために、文章をブロックごとに区切って、精査してみよう。ここでは、ブロック移動という方法を用いることにする。

最初に、文章を内容ごとにブロックで囲む。どこまでがひとまとまりの内容を述べているかを基準に区切ってゆく。文章をいったんプリントアウトして、鉛筆で囲ってゆけばよい。

次に、はじめてこの内容にふれる人にも論理が追いやすいように、新しい意見や主張を述べている箇所のパーセンテージを把握する。どこが多く、どこが不足しているかを概観するわけだ。

たとえば展開された論旨の中身で、「序破急」のどこが少なくて、どこが多すぎるかを判断するのだ。その結果をもとに、文章の位置をブロックごとに移動し、量を調整する。

ここでは、文章は必ずブロック単位で考えるというのが肝要である。一文ごとに見ていたのでは、全体のバランスが判断できない。文章の集合体としての段落（パラグラフ）ごとに論理を追ってゆくのだ。

なお、パラグラフのあいだには、目印として改行を入れておくとよい。改行があるかないかで、全体構造を把握するさいの容易《たやす》さがまったく違うからだ。

次に、パラグラフの先頭には、内容を要約したようなトピックセンテンスを配置する。そして、各文のあいだの論理関係をチェックする。トピックセンテンスに関しては、のちほどあらためて、くわしく説明しよう。

全体の過不足が見えてきたら、叙述をさらに整理する。この整理には、パソコン上でコピー&ペーストをくりかえすのが早くて確実である。内容のブロック移動を行って、論理がわかりやすいように説明の順番を変えてみる。また、構成全体を再考し、必要があれば章や節の内容を組み替えるのだ。

書き上がった部分は、少し時間をおいて客観的に眺めてみよう。たとえば全文章をプリントアウトし、全ページを広げてもう一度読み返してみる。

なお、印刷は必ず表だけにするようにし、両面にはしない。片面印刷で、文章全体を広げて見渡せるようにして作業する。「一望法」の応用である。こうすると、内容の重複箇所や、くどいところが容易に見えてくるはずだ。

さらに、何かアイデアを書き残していないかについても、全体を読みながら考える。たとえばKJ法で用いたような大きな紙のなかから、使っていないアイデアを拾い出す。自分のアイデアはすべて活かすのである。これを「落ち穂拾い法」と私は名づけている。

最後に、内容に即した書物から引用文を引っ張り出して、論旨を補強する作業を行う。地の文、データの提示、ほかの文献からの引用の挿入位置も、あらためて決めなおす。ここではじめて、引用文を正確に書き込むのだ。

なお、引用文の正確な入力は、いちばん最後にまとめて行うのが効率的である。というのは、途中で引用文にこだわると、アタマの働きがストップするからである。

場合によっては、本文を書いているさなかに「○○の著書××ページから引用」とメモを書き込んでおくだけでもよい。そして、本の該当ページには付箋をはさんでおく。こうして、あとでまとめて引用文を入力するのだ。

読者のフレームワークは何か？

これで、第一稿としてのひととおりの文章が完成する。そのあとで、フレームワークの橋渡しにかかわるような、字句の修正を行う。

フレームワークというのは、書き手と読み手の価値観のことをいう。両者のフレームワークがある程度合致していないと、せっかくの文章も伝わらない。したがって、執筆者のほうが読者のフレームワークに合うような文章を書く必要があるのだ。

ここで、まったくの初心者が読んでもわかるように、文章の加筆削除をくりかえしてゆく。そのためには、次のようなテクニックがある。

①専門用語を日常用語に置き換える
②漢語を大和言葉（和語）に換える
③だれもが理解できるような比喩《ひゆ》やたとえ話を用いて説明する
④主張したいメッセージにエピソードをつけくわえて、理解を容易にする

このほかに、冒頭と最後の文章には、また別の工夫が必要である。というのは、文章は始まりと終わりの第一印象で決まることが多いからだ。そのため、最初の一文を効果的な文章から始めるよう最大の工夫を施す。

同じように、「終わりよければすべてよし」という面があるので、文章の締めも印象的なものになるように工夫してみよう。これらについては機会をあらためて詳述したい。

2 人が立ち止まるタイトルとは？

一流のコピーライターになったら

英語の文章は、段落ごとに書きかたの決まりがある。段落の冒頭に、そこで述べる結論の一文を書き込んでしまうのだ。この文章を「トピックセンテンス」という。段落でもっとも大事なトピックスをあらかじめいってしまうのである。

結論を先に述べる方法は、じつは日本語の文章でも大事である。英作文で習うトピックセンテンスの手法は、論旨の明快な文章を書こうとするときには、たいへん役に立つ。とくに理系的な文章作法では、タイトルと小見出しを先に考えてしまう。早めにタイトルを決めてから本文を整えてゆくのだ。タイトルは全体の方向づけを与えるものだからである。

タイトルでは、そもそも何について書こうとしているのか、ひと言だけで述べる。とにかくなんでもよいから思いつくタイトルを決め、それを何度も再考し書きなおすことが重要である。ひと言だけで述べる方法は、第7章2節（二七四ページ）で述べた「ひと言法」の考えかたであることはいうまでもない。

書きなおす過程では、当然ながらより効果的なタイトルへと書き換えてゆくよう意識する。だから、とりあえずつけてしまえといったのだ。タイトルはどんどん進化してゆくのである。

「ひと言法」は、コピーライターの作業を文章作法にもちこんだものである。

ここで、コピーライトの観点から方法論を学んでみよう。コピーライターの仕事というのは、じつはきわめて理系的なのである。

コピーライターは、言葉のナンパ師である。（中略）

その巧みな言葉は、もちろん商品を売るための戦術ではあるのだが、優れたコピーは媚びは売らない。（中略）

（略）優れたキャッチコピーは、媚びを売らなくとも、人をコロリとおとす力を持っている。わずか一行の言葉なのに、それを目にした後に残る楽しさや感動は、本一冊読んだ後の読後感以上に濃い場合もある。（略）

（メガミックス編『ちっちゃな本が、でかいこと言うじゃないか。』学陽書房、二〜三ページ）

私がこれまで本をつくった過程でも、書きはじめてからタイトルがどんどん変化していった。

たとえば、『火山の島に生きる』→『火山はすごい——日本列島の自然学』（PHP新書）→『火山はすごい——千年ぶりの「大地変動の時代」』（PHP文庫）。『名文を科学する』→『科学者が見つけた「人を惹《ひ》きつける」文章方程式』（講談社＋α新書）→『使える！ 作家の名文方程式』（PHP文庫）。『京大講義 学びの戦略』→『成功術 時間の戦略』（文春新書）と変わっていった。

タイトルが変わるごとに、考えかたの方向性が定まってきたといっても過言ではない。

「中見出し」は意外に重要

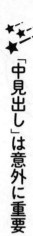

中見出しに工夫を加えることも、大切な作業の一つである。中見出しは意外と先に読まれるものなのだ。目次にすべての中見出しが掲載されることも多く、その本のキーワードとキーフレーズの紹介の場ともなる。

中見出しに魅力的な言葉をもってこられるかどうかが、文章全体の質を決めることもあるのだ。だから本の制作では、最後の段階で編集者が中見出しをインパクトのある言葉に変えてしまうことが少なくない。

たとえば、拙著『火山はすごい――日本列島の自然学』の富士山の章では、私は最初「崩壊する富士山」という見出しをつけたのだが、編集者は「美しさも期間限定？」という魅力的な見出しに変えてきた。これには私も脱帽した（なお、この編集者は現・ミシマ社代表の三島邦弘氏である）。

また、**キーワードを挿入したい場合などには、中見出しをふやすこともある**。いずれも中見出しの重要性を考えてのことである。中見出しには〝驚きの要素〟が入った印象深いフレーズを書き込むのだ。本書の中見出しもそのような視点で工夫をこらしたつもりだが、いかがであろう。

さて、ひととおり文章が完成したら、前にも述べたように、本文をまず他人に読んでもらうことをおすすめしたい。客観性をもって推敲するため、忌憚《きたん》のない感想をもらうのだ。

とくにここまできたら、それぞれのテーマにくわしくない人に読んでもらうのがよいだろう。たとえば文系の場合は理系に、年輩の人は若者に。内容にあまりくわしくない素人に読んでもらうほど、この効果が高い。そのためには、正直なコメントを出してくれる貴重な友人知人を、ふだんから見つけておくとよい。

いいかえれば、書いた文章は必ず、よその人に読んでもらうシステムをつくっておくとよい。学会誌に査読者がついているように、必ず自分の文章を他人に読んで直してもらうようにすれば、文章力も格段に向上するはずである。

企画書でもレポートでも、出す前に読んでもらうだけで、書いた本人が気づかないミスを見つけてもらえる。友人と互いに読み合う関係をもつのもよい。傍目八目《おかめはちもく》というが、人は思いもつかなかったポイントを発見してくれるからだ。

3 文体を工夫してみよう

改行・空白という特殊効果

最後に、テクニカルな点での最終チェックを行う。

細かい文章の校正と文体を整える作業である。しなやかな文章にするといってもよい。ここでも文章の〝理系的な化粧なおし〟が役に立つ。化粧というのは、文章作法ではたいへん大事なことである。

簡単な方法では、たとえば句読点をふやしてみる。また、改行をふやす。とくに、話の展開が複雑だったり、異なる論旨に話題が変わったりする場面では、こまめに改行を入れるとよい。

論理を積み重ねてゆく場合もそうである。三段論法の方式でどんどん論理を積み重ねてゆくと、多くの読者はへこたれてしまう。その前に階段の踊り場のように、改行でしばし小休止してもらうのだ。これによって、文章はずっと読みやすくなる。

本書は、ほかの本とくらべて改行を多く入れているつもりだが、それはこのような理由からである。改行とは一休みのサインであることを、あらためて認識しておきたい。

ページのなかに空白をふやすというのも、じつは重要な理系的テクニックである。文字で黒々となっているページは、読みにくいことこのうえない。

たとえば、司馬遼太郎（一九二三〜一九九六）は、山の形になるように改行を工夫したという。視覚的な効果をねらったものである。こういう証言がある。

（略）印刷したときの誌面のレイアウト（中略）というものは何も編集者だけ

が考えているわけではなくて、書き手もまた、この原稿が本になった場合、どういう誌面となって再現されるのかを考えている。

私が理想的だと思うのは、本を開いたときに、各行の行末が全体として、アーチ型になっているケースです。読んでいて息をつきやすいし、次の頁にスムーズにつながってゆく。（中略）

司馬先生のものを拝見すると、この理想型にやや近い。（中略）そういう設計を誌面的に司馬先生はたぶんなさっている。

（宮城谷昌光×清水義範「文章に秘密あり」、文藝春秋編『司馬遼太郎の世界』文春文庫、三六二〜三六三ページ）

司馬遼太郎が実践した余白の活用は、日本古来の「散らし書き」に通じるものだ。

これは書の一つの手法で、空白を挿入することによって、紙面に立体感と安定感が醸《かも》し出される。文中にはさみ込まれた、一見すると無用の隙間が、文章全体に独特の効果をおよぼすのだ。文と文のあいだの隙間に、読みやすくする機能がこめられているといってもよいのではないか。

このように隙間を活用する方法は、これまでに述べてきた「隙間法」とも一脈通じていてたいへん興味深い。

文語調もけっこう効く

語尾に変化をつけることは、文章作法では最初にすすめられる方法の一つである。「である」「なのだ」「と思う」「ではないか」「といってもよい」「したい」「とはいえないだろうか」「しよう」……など、語尾にはいくつものバリエーションが考えられる。

これらを自在に使えるようになれば、文章が単調になるのを防ぐことができる。また、同じような内容でも、読後感が変わってくるはずである。

同様に形容詞の表現にも、いろいろなバリエーションを出すことができる。このとき、類語辞典を使うことがきわめて有効である。小説家の丸谷才一（一九二五〜二〇一二）のコメントを見てみよう。

文章を書くときには妥当な言葉を選ばなければならないし、しかも同義語をかなり用意していなければならない。どちらの場合でも語彙《ごい》の豊富が要求される。

言葉の持ち合わせが多ければ、うまい具合に組み合わせて使うことができるわけだ。しかし、いちいち頭のなかを探って書くのでは大変だ。そこで類語辞典が必要になる。

（丸谷才一評「日本語大シソーラス〜類語検索大辞典」毎日新聞、二〇〇三年十一月二十三日付）

私もふだん数種類の類語辞典を引いている。白川静の『字統』や『字通』も使うことがあるし、『擬音語・擬態語辞典』（講談社）などというのもとても役に立つ。ほかにも『感覚表現辞典』『感情表現辞典』(いずれも東京堂出版)など、辞書にもさまざまな種類があるので、いろいろと試して駆使してみるとよい。私の書斎には、『罵詈雑言《ばりぞうごん》辞典』『集団語辞典』(いずれも東京堂出版)まである。

また、電子辞書もたいへん便利なので、パソコンや、「iPad」などのタブレットでいつでも開けるようにしておこう。言葉というのは調べたいときがいちばん身につくので、その瞬間を逃してはならない。

漢語と和語のバランスをとることも大切だ。両方をうまく混合してリズムのある文体にするのである。文章が単調にならないようにするための工夫としては、長い文章のあとに短い文章を配置するという手もある。

さらに、客観的な叙述だけでなく、合間に主観的な内容を入れ込むのもよい。口語文の文章の途中に、文語調の一文をはさんでみるのもよいだろう。

ノーベル賞作家の川端康成(一八九九~一九七二)はこう説く。

(略)口語体の文章ならば、文語体の文章よりも「分りよい」と思うことは非常な誤りである。口語体の第一の危険は無法則という点に横たわる。外来語の粗雑な翻訳や、新造語の乱用がいかに今日の文章を、口語化の悲願から遠くへだてているか……今日、雑文体の流れをくむ一部の作家の文章が、簡潔流麗、一般に愛好される実例は、痛烈な皮肉である。

文語体は、もはや今日の死語であろうとも、そこに芽生え、そこに大成した、音感的効果と視覚的効果はやはり今日も一つ問題を生む。

（略）現代の口語、現代の文章は、この意味に於て、視覚と音律に対して、余りにも無策ではあるまいか。

（川端康成『新文章読本』新潮文庫、二七〜二八ページ）

「心の余裕」も大事

読みやすい文章にするには、「遊び」「個性」「ユーモア」「心の余裕」といった要素を多く入れたいものである。

ここでめざしているのは、文系的な情感豊かな、しなやかな文章を書く方法である。

たとえば誇張した表現や、文学的な表現を入れ込む。あるいは自分の文章の売りになる、キーワードを挿入してみる。主張したい内容をそのまままたんたんと書くのではなく、意見の隙間に感覚的なメッセージを入れるのだ。これも「隙間法」のテクニックの一つである。

ユーモアのセンスをほのかに出すのは、意外にとても効果的である。同じ内容でも、少しおかしみの入ったいいまわしにしてみよう。大げさな表現をしたり、ときには自分を卑下《ひげ》して笑ったりするのもよい。

「心の余裕」というのは、一直線に物事を述べずに、ちょっとまわり道をしてみることをいうのだ。これは文系人にはお得意のものだろう。

叙述のさなかに別の関連するエピソードを書き込むときなど、話を少し脱線させてみる。挿入する小咄《こばなし》には、身近で親しみやすい内容がよいだろう。そして、あとでふたたびもとの論旨にもどれるようにしてみよう。

話に膨らみをもたせることで、単純な論理展開から逃れることが可能となる。文章全体に書き手の余裕があふれ出るのである。こうなれば、読者はゆったりとした気分で文章を読み進めることができよう。上手なエッセイというのは、つねにこのような配慮がなされている。

しなやかな文章を書くためには、作家の書いた「文章読本」は大いに参考になる。文豪からもう一人、谷崎潤一郎（一八八六〜一九六五）の『文章読本』を参考にしてみよう。

文章の味と云うものは、藝の味、食物の味などと同じでありまして、それを鑑賞するのには、学問や理論はあまり助けになりません。（中略）文章とても、それを味わうには感覚に依るところが多大であります。（中略）多くは心がけと修養次第で、生れつき鈍い感覚をも鋭く研くことが出来る。しかも研けば研くほど、発達するのが常であります。

そこで、感覚を研くのにはどうすればよいかと云うと、出来るだけ多くのものを、繰り返して読むことが第一であります。次に実際に自分で作ってみることが第二であります。

（谷崎潤一郎『文章読本』中公文庫、八八〜八九ページ）

「文章読本」では多くの場合、文章力上達の秘訣として名文を読むことをすすめている。

古今の名文の技術を盗むのは、たしかに効果的な学習法だろう。

たとえば、かつて拙著で明らかにしたように、読者をいかにして催眠にかけるかも、重要なポイントとなる。

名文の技術は、作者が読者にかける催眠術《さいみんじゅつ》といってもよい。

名文は知らず知らずに読者を「その気にさせる」文章である。そのときには、話が論理的でなくてもまったくかまわない。（中略）

名文のキーワードは〝催眠〟である。読者に立ち止まる余裕を与えず、その気にさせてゆく。読者のほうもそれで快感を得るというわけだ。

（鎌田浩毅『使える！作家の名文方程式』ＰＨＰ文庫、二四一ページ）

最後に「音読」する

自分の書いた文章の説得力を増すためには、適度な量の引用は効果がある。別の執筆者の意見を援用してくるので、自分がひとりよがりの言説をしているわけではないことを間接的に表明できるからだ。

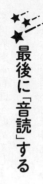

本書でも頻繁に用いているように、他人の文章の一節を短く引用文として入れることで、自分の書いた地の文とは異なる文章が挿入され、文章のリズムが変わるという効果もある。

本の場合には、章扉もしくは表紙などに本のメッセージと調和的なイメージ写真を挿入するのもよい。本書もそうしてある。

ここでは、広告イメージと同じような戦略が必要である。読者の目にいち早くふれる箇所なので、何を選ぶかの選択は、たいへん重要な作業となる。人は第一印象で良し悪しの大半を決めてしまうからだ。

書き出しの工夫としては、すぐに本論に入らずに、文章上の「遊び」の要素を入れるのもよい。

前節で述べたトピックセンテンスとはまったく逆の発想だが、論理とは異なる世界から冒頭を始めてしまうのである（二八六ページ、〈書き出しにも「コツ」がある〉を参照）。

全体の論理からは外れているが、興味深いエピソードをもちだすことによって、驚きを演出することもできる。

ただしこれは、全体の論旨を整えてから行う化粧作業である。あくまでも最後の味つけと考えておいてほしい。

テーマに応じた文体に統一し、文章のリズムや各文末の表現に工夫を加えるものとしては、たとえば五七五や都々逸《どどいつ》などの心地よいリズムを論理的な文章にもちこむ手法がある。

そのためには、若干《じゃっかん》の文学的素養も必要だが、好きな人はどんどん試してみるとよい。論旨を乱さず、上手に味つけすることができれば秀逸である。こういった努力を続けることによって、自分なりの文体ができてくるのだ。

リズム感のある文章を養うには、声に出して読むのが手っ取り早い。朗読してみると、よい文章を書いたかどうかが自分でもよく判断できる。

何十年も声に出して文章を読む素読《そどく》を実践してきた安達忠夫（一九四四〜）は、こう述べる。

（略）ときどき、意味への執着を離れて、虚心坦懐に声をだして読んでみることが、深い意味での読書を回復するきっかけになるのではなかろうか。

宗教人の勤行の強みはここにある。「意味」は意識の表層で理解されるだけだが、何度も声をだして読むことにより、表面的な意味の背後にある潜在意識がつちかわれていき、心身に刻まれていく。

（安達忠夫『素読のすすめ』講談社現代新書、一六四ページ）

息継ぎが上手にできるようなものはよい文章である。反対に、どこまでも話が続く長い文章は、朗読してみるとすぐにその拙《つたな》さがよくわかる。読者はこのあたりにとても敏感である。

最後に、誤字や脱字などをチェックし、事実関係や数字を校閲する。しばらく時間をあけたあとで再読し、さらに推敲する。完成後に原稿を寝かせることは重要である。

文章は寝かせて熟成させることによって、美しく発酵するのだ。

これを無意識に委ねておくといってもよいだろう。無意識のなかにある知恵が、意識に上ってくるのを待つのだ。

その結果、個性の入った印象深い表現を突然、思いつくことがある。作業の過程では、文章表現に関する新たな発見すらあるのだ。

このように文章の仕上げに時間をかけることで、完成度は格段に高まる。「終わりよければすべてよし」。最後の化粧でアウトプットの出来映えが決まるといっても過言ではないのだ。

第9章

未来の自分をプロデュースする

京都・大徳寺にある高桐院の参道。延《の》段《べだん》と呼ばれる敷石の向こうには広大な知的世界が拡がっている。

1 ラクして効率と成果を上げる

ズボラでも実践できること

最終章を迎えるにあたり、本書の根底に流れる考えかたを整理しておきたいと思う。より優れた知的生産をこれから行ってゆくための、いわば未来への助走路をつくっておこうというわけである。

アウトプット優先の知的生産術でもっとも大事なことは、システムが簡単で、すぐに採用できるということである。もちろんそれは、読者がいま実践しているシステムよりもラクでなければならない。

たとえば「不完全法」「割り算法」「棚上げ法」「隙間法」は、本書の提案した技法のなかでも、もっとも〝手抜き〟をすすめる方法である。読者が真っ先にラクをできるテクニックといってもよい。

整理のために人が費やすエネルギーは、莫大なものである。はっきりいって、これは無駄なエネルギーだ。そのエネルギーを知的生産のために転換しようというのが、本書の第一の目的である。

これまでに紹介したシステムは、いずれも余剰エネルギーが少なくても実行できる。むしろ、省エネルギーとなる方法だけ、人は採用できるものだともいえる。

世の中には整理法と名のつく本がたくさん出版されている。そのなかにはとてもよく書かれているものもあるが、かなり面倒な手続きを踏まざるをえないため、現実的にはとても実行できないものが少なくない。

整理法を著した執筆者自身がもともとたいへん几帳面《きちようめん》な人なので、書かれている話はよくわかる。だが私には、とうてい無理だという本が多数ある。

これに対して本書は、ズボラで、つねにラクをしたがる人に向けて私が編み出した、理系的な手抜きテクニック集という特徴がある。私自身がここに述べた手法で、簡単に乗りきってきた。

ラクをするというのは、ほんとうは科学技術の基本にある考えかたなのである。理系人はラクをしたがる人種なのだ。

しかも、理系人はシステムで世界を見ようとする。つまり、もっとも手軽なシステムとは何かをいつも模索しているのだ。したがって本書では、読者が現在もっているシステムよりも簡単で、しかも効果のあるものだけを選《え》りすぐって紹介したいのだ。

この考えかたは、じつは人間の活動すべてに応用が可能だ。たとえば人間関係でも、できるかぎりエネルギーを消費しない方法を採用したいものだろう。

ある種の現代心理学には、人間関係にまつわる消費エネルギーを低下させることができる優れた技術がある。余計なエネルギーを費やさずに良好な関係を保てるのであれば、これほど価値のあるものはない。

もし仮に、新しい方法がエネルギーの低下につながらないとすれば、いままでの方法を続けるほうがよっぽどマシである。そもそも異なる技法を採用すること自体が、エネルギーを費やすことになるからだ。

従来の方法を変えるためにエネルギーを費やしても、それを補ってあまりあるほど仕事がラクに進められることが保証されてはじめて、新しい技法に乗り換えることに意味が生じるのだ。

私は本書を執筆するにあたって、みずからが主張する理系的手法を実行していった。つまり、ここで提案した方法を、あらためて一つひとつ試しながら書いていったのである。

そして効果があると思われる方法のみ、本書に記すことにした。使えないテクニックを披露したところで意味はない。整理法を説きながら、それを実行に移して自分の頭の中を整理していったといってもよい。

だから本書は私にとって、ラクに知的生産できる理系的テクニックの実験記録でもある。他人に方法を説いていながら自分では実行できないのでは、お笑い種《ぐさ》だ。

こうすればラクにできるではないか。ここで簡単に実行するのが理系的だ。そう自分にいい聞かせつつ、それを実行しながら本書を書き進めていった。

たとえば書きにくい箇所に突きあたったさいには、筆がなかなか進まないことに惑《まど》わされず、そこからただちに撤退した。そして書きやすい箇所から書きはじめていった。こうすることで、これまでの拙著のなかでは、もっともラクに一冊ぶんの原稿ができあがった。

この本自体が、本書で説いている〝ラクしてゴールに行ける〟方法の、最初の産物だったのである。

苦労は細分して乗り越える

私がとにかく念頭に置いたのは、体調や気分に関係なく実践できることである。デール・カーネギー（一八八八〜一九五五）は、世界じゅうで刊行一〇〇〇万部を超えたといわれる著書でこう述べている。

「惨めな気持ちになる秘訣は、自分が幸福であるか否かについて考える暇を持つことだ」。裏を返せば、そんなことを考えないことだ！ 手につばをつけて、忙しく働こう。そうすれば血のめぐりはよくなり、頭脳も回転し始めるだろう。

（カーネギー『道は開ける』木山純訳、創元社、八三ページ）

同様に、理系的な生きかたに関して、イギリスの哲学者バートランド・ラッセル（一八七二〜一九七〇）は以下のように述べる。

（略）現在もっとも幸福なのは科学者たちである。彼らのもっとも優秀な連中の多くは、感情的には単純であり、仕事から非常に深い満足を得るので、食べることや結婚などにもすぐに満足することができる。（中略）彼らは複雑な感情をもつ必要がない、彼らのより単純な感情は何も障害に出くわさないのだから。感情における複雑さは、川の中のアブクのようなものである。（略）

（ラッセル『幸福論』片桐ユズル訳、バートランド・ラッセル著作集6、みすず書房、一一七ページ）

これらの考えかたは主知《しゅち》主義といわれているもので、理系的アタマの使いかたそのものなのだ。人の感情も体調も、そこにこだわるか否かで消えたり問題ではなくなったりしてしまうというのである。

「病は気から」というではないか。困難に直面したら、それだけにかかわるようなことはせず、一時的に避けて日和《ひより》がよくなるのを待つ。システムのなかでは起こりうる〝想定の範囲内〟の些細《ささい》な障害と考えておくのが、きわめて理系的である。

感情や人づきあいまでも、システムのなかでコントロール可能な一部としてしまうのだ。ここに、ラクに仕事をするコツがある。

世の中にはむずかしいことと心中するのが好きな人がいるが、それは理系的ではない。たいていのことは困難でもなんでもないと理系人なら考える。出合った困難は簡単にできるものにまで細分化して、一つひとつをラクに片づけていこうとするのだ。もう一度、「要素分解法」（七八ページ）を思い起こしてほしい。エネルギーレベルをつねに下げてゆくのは、理系が得意とする方法なのである。

ちょっとした技術を知らなかったために起こるトラブルは、意外に多い。技術を知らないというのは、いわばシステムの問題である。

システムを最初からそのように組んでおけば、そのとおりに動いてゆくはずなのだ。「苦労を避けてラクに仕事ができるシステムにしておく」というのは、くりかえすが、もっとも理系的なキーフレーズである。

提案したいテクニックをみずから実践しながら本書を執筆したことは、私にとっては二重の意味でよかったと思う。

一つは、実行可能なことだけを書けたということ。もう一つは、これでこの方法を若い学生たちや講演会で話しても説得力が増したということである。大学で講義をするときにいつも感じるのだが、一冊の本にまとめてはじめて、その内容が自分でもほんとうによくわかり、身についたことになる。こうなると人に話しても理路整然としてわかりやすく、十分納得してもらえるのだ。

2 人生、次に必要なテーマは何か？

「あまりもの」こそが宝の山

アウトプット優先で行動すると、書ききれないものや使わなかったあまりもの（オマケ）が必ず出てくる。そうしたアイデアや資料には空の棚を用意して、ラベルだけ貼って保管しておこう。

さしあたって守備範囲には入らなくても、オマケは宝の山である。新たな知的生産を行うための大切なシーズ（種）なのだ。

シーズには、前章までに述べてきたのと同様に、引き出しにラベルを貼って大切にしまっておこう。未来のアウトプットに関しても、第1章1節（二一ページ）で述べた「ラベル法」のやりかたが役に立つのである。

立花隆は、あるテーマで取材しているうちに気分が乗ってくると、たくさんの材料が自然と集まると書いている。

（略）私の場合は、与えられたテーマにのらない場合より、のりすぎて困る場合のほうが多かった。のりすぎると、たかだか四ページの記事のために、たっぷり四〇ページは書けるだけの材料を集めてしまう。どんなテーマでも何が本当の事実なのかと熱中して調べていくと、それくらいの材料はすぐに集まるものである。（略）

（立花隆『「知」のソフトウェア』講談社現代新書、二三九〜二四〇ページ）

これらは、あとで別のものを書くときの大事な財産になる。

アウトプットの作業中には、まったく別のおもしろいテーマに出合うことがたびたびある。当面のテーマとは関係ないため、これもバッファーの引き出しに入れておく。

このような予想もしなかった出合いは、人生の邂逅《かいこう》といってもいいようなものなので、大切にしたい。将来の自分のレパートリーとして、いずれ新たな知的生産にもちこむことができればしめたものだ。

ただし、たんなるゴミの山だと思っていたものが、じつは宝の山であることに気づくには、それなりの知性が必要である。あるいは、それを見抜く柔軟な感性といってもよいかもしれない。ちょっと発想を転換してみると、いままで見えていなかったものが光り出すことを覚えておいてほしい。

汲むほどにあふれ出す「泉」あり

余剰や偶然の出合いから、自分にとってはまったく新奇のテーマが生まれる。

そしてそれが、自分の隠れた才能や志向を引き出すきっかけにもなる。

才能というのは、自分よりも他人のほうがよく見える。アウトプット優先主義は、自分発見の旅でもあるのだ。知的活動はここから無限に拡がってゆくのである。

アウトプット優先主義にすれば、汲むほどにあふれ出す泉を手に入れることができる。決して出し惜しみをしてはいけない。もっともよいものを出しきるからこそ、あとからまた新たな泉が湧いてくるといってもよい。

第1章2節（三一ページ）で「枠組み法」を説明したときに、「その他」という箱をつくることをすすめた。ここに収めたものは、別の成果となって日の目を見ることになる。中身を整理してゆくと、それぞれに共通項が見えてくるはずだ。

本書執筆の過程では、「私のコレクション本」「だれにもできない旅行記」「時間のいろいろ」「フィールドワークのおもしろさ」「フレームワークの橋渡し法」「上手な話しかた」「大学教育論」「人生の戦略を立てる」「科学者の見た京都」「男のファッション」などというテーマが見つかった。

これらはいずれ、私が書く本のテーマとなるかもしれない。「その他」の箱は、自分の知的な財産目録でもある。

文章には、自分がいまもっている最良のものを出さなければいけない。よいものをどんどん繰り出してゆけば、文章の質はしだいに高まってゆく。

たとえば渡部昇一は、こう述べている。

（略）井戸は不断に、適当に使い続けておれば、いつの間にか水量が増していることさえあるものだ、ということは、やはり人間の頭の働きを考える場合にも当てはまることが少なくないであろう。はじめは小論文、小エッセイでも、数週間、数ヵ月の苦労をする。しかしそうした努力を続けているうちに、書く種は尽きずに増えてくることが多いであろう。

（渡部昇一『発想法』講談社現代新書、一九三ページ）

発想というものは、汲み出せばそれだけ、よいものが次々と出てくるのである。「隙間法」(二六一ページ)で述べたように、隙間からあふれてくるといってもよいだろう。

したがって、黙って考え込んでいてもしかたがない。とにかく書きはじめることだ。そして、並行していくつものテーマを書きつづけることである。

このシステムが起動したら、かつてのように必要以上の情報を収集しなくてもすむだろう。まずは資料を集めなければ、という強迫観念から解放されるはずだ。

情報集めに四苦八苦しなくても、自分のなかから新しい発想が生まれてくるのである。その結果、効率の高い知的生産を続けることができるようになる。こうした〝よい循環〟をつくりだすのが、アウトプット優先主義なのである。

次の泉はおのずと湧いてくる。文字どおり温泉のように自噴するのだ。そしてこれが、次のアウトプットを生み出す。このようなシステムを最初につくること、それもまた本書の目的の一つである。

3 人生設計をここで「改良」

「自分オリジナル」を出す

ひととおりアウトプットを完了したあとには、さらに上位の目標を設定してみよう。

前章までは、アイデアをとりあえずかたちにすることに全力をあげてきた。かたちができてからは、それをきれいに化粧することに時間と労力を注いできた。

そして、これらの仕事がある程度まとまりはじめたころには、アウトプットだけでなく、次のテーマも見え隠れしてくる。それを次につなげる仕事といっしょにしてしまえば、一石二鳥である。このようなシステムを、まず確立してほしいのである。

理系的方法論の背景では、アウトプットを続けながら、つねに自分のシステムを観察する。そして改良すべき箇所が見つかれば、どんどん変えてゆくことが含意されているのである。ここには、柔軟に発想を変えてゆく姿勢がある。

生き物は、あるいは企業でも、時代の移り変わりに沿ってシステムを変化させてゆく。知的生産において、方法論というシステムを変えてゆくのも、これとまったく同じである。アウトプット優先主義も同様に進化してゆく。

わが国を代表する経営学者の藤本隆宏（一九五五〜）は、こう述べる。

（略）生物であれ企業組織であれ、進化論は、システムの安定性と変化、連続性と不連続性を同時に説明しようとする。（中略）

例えば生物システムであれば「突然変異」、企業システムであれば後述する「創発」が変化のメカニズムである。

（略）計画と偶然が渾然《こんぜん》一体となったシステム変異のメカニズムを、筆者はシステム創発と呼ぶ。

（藤本隆宏『能力構築競争』中公新書、五一～五二ページ）

藤本のいうシステム創発というのは、本書で方法論を進化させてゆくことと同義である。すでに述べた「枠組み法」「棚上げ法」などの手法を、次の目的に向かって進化させてゆくのだ。

習ったことは、自分で使ってみながらカスタマイズする。そして、それが身につくころには、自分オリジナルの方法へと進化してゆくだろう。

システムを改良するという行為は、さしあたってのアウトプットを満たすだけでなく、未来への投資としてきわめて重要な仕事である。オリジナルな発想に基づくアウトプット優先主義から、すべては始まるといってもよいのではないか。

「自分プロデュース」でシステムづくり

仕事におけるシステム改良は、人間関係のシステムにも連動する。目的に応じて人づきあいの範囲が変わってゆくからである。周囲の人が、自分のなかに新しいシーズを発見してくれることもある。

そしてこのことは、さらに人生目標そのものを変えるきっかけにもなる。社会のなかで自分の仕事が生み出す貢献度を、もう一段高める意欲が生まれるはずである。

たとえば会社を興すのでもよいし、NPO（非営利団体）を始めるのでもよい。これまでになかったまったく新しい仕事を開拓するのである。目標がレベルアップしてゆくのだ。

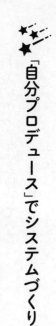

さまざまな分野に意欲的にチャレンジしている大前研一（一九四三〜）は、みずからの人生について以下のように語る。

私の生き方のもう一つの特徴は、「もったいない」と思わずにオールクリアボタンを押してきたことだ。「もったいない」と思った途端に人生は負けである。このままいけばそこそこの地位や収入は得られるだろうと考えて守りに入り、上昇志向がなくなるからだ。（中略）

（略）私は50歳で『マッキンゼー』を退社した時と、政治活動から手を引いた時の2回、それまで積み上げてきたものを「もったいない」とは考えず、オールクリアボタンを押している。

（大前研一『サラリーマン・サバイバル』小学館文庫、九一〜九二ページ）

このように、つねに挑戦しつづけることが可能な人生を創造したい、と私も思う。そのためには完璧主義者になってはいけない。

本書で二番目に提案した「不完全法」（三九ページ）が基本的な考えかたとなる。不完全を許容しながら試行錯誤をくりかえし、アウトプットが次々と出てくるようなよい循環をつくりだそう。

理系のシステムづくりは、子供が積み木を重ねてゆくのと同じである。積み木はどこに何を積み重ねてもよい。手持ちの積み木のパーツが何であるかさえ知っていれば、あとは自由自在に積みあげることが可能なのである。

このパーツにあたるものが、これ

まで紹介してきた一六個の「〇〇法」なのである（巻末三六二〜三六三ページ）。本書が最終的にめざす目標は、つねに自分を変えてゆく創造的な生きかたである。これを可能にするような科学的システムを、あくまでもラクに、効率的に構築するのだ。これこそが、新しい人生をつくるための理系的〝方程式〟なのである。

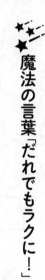

魔法の言葉「だれでもラクに！」

最後に、私がどうしてこのようなビジネス書を書くようになったかも述べておこう。

私の仕事には、二つの大きなテーマがある。一つは、専門の火山学である。四十年以上もの長きにわたる研究活動のメインテーマとして取り組んできたものので、私にとっての知的生産の根幹をなすものである。火山の研究から、私のアウトプット生活は始まった。

そしてもう一つの仕事が、その知的生産の方法論そのものについての研究である。私はアウトプットの技術に関心をもち、あれこれと試行錯誤をくりかえしてきた。

どうしたらクリエイティブな仕事を生み出すことができるか？

いかにして多くの人を惹《ひ》きつけ、納得させる文章をまとめるか？

専門である火山学の研究を進めるうえで、効率よく新知見を生み出すことは至上命題だった。そのような環境に長年いることで、知的生産の方法論自体が私の長年のテーマとなったのだ。

湯川秀樹、岡潔、梅棹忠夫、利根川進（一九三九〜）、立花隆などの著作を読み込んできたのは、そのためである。実際、こういうことを考えるのは、私の好きな作業でもあった。私にとっては、アウトプットの技法改良は、必要に迫られた研究課題であり、また趣味にもなった。

よって、旧著の『ラクして成果が上がる理系的仕事術』は、クリエイティブな知的生産、それらをわかりやすく表現する文章の書きかたについて、理系的な視点から私のこれまでの経験を集大成したものだった。これらの方法論は、実際に火山学の研究で実践し、現場でうまくゆくことを確認してきた。

そして現在では、その技法を新聞、雑誌、書籍などの執筆活動に活かしている。文章を書くというアウトプットの代表的な活動で、いまなお模索を続けながら実験をくりかえしている。

私の日々は、クリエイティブなものを生み出す技術を確立することにある。それを知的生産に使う人がふえて、世の中全体の効率が上がることを願っている。

私は、自分が意識せずにふだんから自在に使っているテクニックに、新たな光を当てて認識しようとした。そして、旧著ではだれにでも使える汎用性のあるものを紹介し、読者にも役立ててもらおうと考えた。

ここで大事なことは、実際に使えるかどうかである。つまり科学者の常套句《じょうとうく》でもあるが、「実行可能なことだけが採用できる」のだ。

この考えかたは、すべてのテクニックを伝授するさいの鉄則である。役に立たないことを教え子の京大生に伝えてはいけない、というのが私の変わらざるポリシーだった。

私の関心事は〝知的に成功すること〟にある。成功は知的生産から生まれる。自分の仕事がアウトプットにつながって、はじめて世の中に認められる。

このプロセスを理系的に分析して、だれもが使える技術として提案しようというのが本書の目的であるが、ここには、私なりにじつはもう少し大きな視点がある。

それは私の専門にかかわることだが、日本列島は地震と噴火の活動期に入ってしまったという状況の変化である。

旧著が出てから五年後の二〇一一年に、東日本大震災が起きた。これは観測史上最大規模というだけでなく、千年に一回だけ発生する非常に稀《まれ》な巨大地震だった。

このとき、日本列島の地盤に大きな歪《ひず》みが加わり、それを解消するように、各地で直下型地震が断続的に発生し、箱根山や草津白根山などの活火山も噴火した。

おそらく今後数十年のあいだ、日本列島はさらなる地震と噴火に見舞われる可能性が高い。これに加えて、二〇三〇〜四〇年ごろには南海トラフ巨大地震という甚大災害がひかえている。

その被害の規模は東日本大震災より一桁大きくなり、総人口の約半数に当たる六〇〇〇万人が被災する（拙著『京大人気講義 生き抜くための地震学』ちくま新書）。こうした大地変動の時代を生き延びるためにも、「理系的アタマの使いかた」を身につけてほしいと思う。

じつは、日本は資源の乏しい国である。エネルギー資源、食料資源、鉱産資源、すべてが不足している。国土は狭く、わずかな平地に約一億二五〇〇万人もの人が密集して暮らしている。だからこそ重要なのは、日本人の知的生産力を高めることである。

作家の堺屋太一（一九三五〜二〇一九）は、そのような変革を「知価革命」と呼んだ。わが国は、「知価」の高い仕事を一億総出ですることによって、はじめて成り立つ国なのだ。

本書で伝授したい技術は、〝読み・書き・そろばん〟にあたる基礎リテラシーである。提案したいのは、一見すると困難と思われるような知的生産を、少ないエネルギーで達成する方法である。

紹介したのは、だれにも当てはまる技法と、その根本にある考えかたや原則である。それをカスタマイズして自分の技術へと改良するのは、読者のみなさんの仕事なのだ。

このとき、「だれでも簡単にラクに」が、魔法の合い言葉となる。本書に書かれた理系的技術の一つでよいから、実際に試してみてほしい。そして、自分に合ったシステムをつくりあげてほしい。

おわりに

知的生産への方法論を「理系的思考」の見地から語りたい。それにより、世の人が、より効率的、建設的に、仕事と人生にかかわる契機をつかんでほしい——。

それが、十五年前に本書の旧版を著した目的だった。

そして現在、その願いはいよいよ強まるばかりである。

その理由は二つある。

一つは、二〇二〇年の年明けとともに始まったコロナ禍だ。だれもが自分の生命を脅かされる経験をし、社会不安が増大している。

自宅で仕事をするという働きかたの新形態が浸透し、時間の裁量が自分の手にまかされたことも大きい。不安のなかで、時間だけがある。それは個々人が「どう生くべきか」というテーマと向き合う契機となっている。

もう一つの理由は、コロナ禍以前から顕著だったネット社会の変容だ。いまや老いも若きもスマホを操り、暇さえあればＳＮＳに興じている。データはハードディスクではなくクラウド管理が主流となった。十五年前にはなかった技術が、社会と個人を大きく変えた。

もちろんコロナ禍は疑いなく逆境であり、ネットは技術発展の成果である。しかし「知的生産」という面から見ると、その功罪は反転するかもしれない。

つまり、今回のコロナ禍は自分と向き合い、新しい生きかたを拓《ひら》く好機になりうるのである。逆に、デジタルツールの絶え間ない発達は、人間本来の価値を見失わせ、「新しさ」にばかり駆り立てる危険がある。

こうして両者をつぶさに見るなかで、あらためて、本書をこの時代にふさわしいかたちで、ふたたび世に出そうと思ったしだいである。おもに語ったことは、理系科学者の「仕事術」だが、これらのノウハウは人生すべてに役立つのではないか。

そもそも本書でくりかえし述べたアウトプット優先主義は、目的の明確性があってはじめて成り立つものだ。紹介した方法を日々のタスクで実践し、個々の行動の目的を意識するうち、必然的に行きつくのは「人生の目的」というテーマなのである。

いったい自分は何がしたいのか。どんな人生を送りたいのか。それを考えれば必ず、「自分の軸」が見えてくる。たとえば、私が本書において、「アナログの領域」を守る姿勢を説いたのは、それが私自身の譲れない軸だからだ。

そして、本書をお読みになれば、私が決してアナログ一辺倒ではないこともおわかりいただけたと思う。たしかにデジタル化の波にのまれる危険を語りはしたが、その恩恵に浴することを全否定するものではない。

現在、京都大学の講義はすべてオンラインになっている。対面授業をしたいのはいうまでもないが、私は、どうしようもないことについては嘆かない。逆に、この形式にもよい点がないだろうかと考えるようにした。

これまで行ってきた対面の授業では、大教室でも「定員三〇〇名」の枠は外せなかった。ところが、Ｚｏｏｍ授業なら一〇〇〇人以上でも受けられる。しかもリアルタイムチャットで、双方向のやりとりができるという新しい機能がついてきた。

昨年までの白い紙を用いて行ったアナログのQ&Aは、「まとめチャット」としてオンライン講義の最後十五分に受けつける。それとは別に、講義のさなかに学生からの質問、意見、感想がリアルタイムに「チャット」で入ってくるので、それも瞬時に取り上げて回答できるのだ。

すなわち、「まとめチャット」は学生たちの長い意見表明に、そして「リアルタイムチャット」は臨機応変の早業《はやわざ》にと、新型コロナのおかげで授業が倍に盛り上がったのである。

こうなると、学生たちのモチベーションも一気に高くなる。大学に来たくても来られない状況下では、授業がいかに貴重なものであったかをはじめて実感したのだそうだ。

理系的アタマはだれにもある

よって、世の中がどう変わろうと、そのよい面を引き出すようにする。そして失われてしまった面は、別の方法で取り戻すように試みる。

大学のオンライン講義は概して評判がよろしくないが、悪い点ばかりではなかったのだ。そしてそれを探すのも、理系的アタマの力量なのである。

私は二十歳で理学部に進学して以来、つねにそうしてきた。いま直面しているプラス・マイナス双方を分類し、現状を少しでもよい方向に組み直してゆく。「理系的思考」はかくのごとく、「ポジティブ」な構造をもっていると思うのである。

そしてこの思考法は、先に述べた「大地変動の時代」にこそ役に立つのではないか。不安のうちにあっても、一歩、二歩と進みゆくための知恵になるからだ。「いまの世にこそ、それが必要ではないだろうか」と京大の定年最後の講義でも学生たちに語ってきた。

多くの人が言及するように、コロナ禍で世界は変わってしまった。そして一度変わった世界は、完全にはもどらないだろう。しかし、それを正しいと思うか、けしからんと思うかで人生が変わってくるのである。

しかも自分がなんと思おうとも、変わってしまった世界がそのまま進行しつづけるのも厳然たる事実だ。このことを受け入れて、淡々と仕事に励んでゆくことに、新型コロナ時代の大切な生きかたがあるのではないかと私は考える。

本書はまず、膨大な資料と格闘して悩んでいる人たちへ向けてアドバイスした。さらに、準備はできているのに一行目がなかなか書き出せないという人にも、「ラクな書き出し」のコツを指南した。いずれの場合も、目的を先行させることによって、状況は一変することをまず知ってほしい。

そして「アウトプット優先主義」に変えれば、生産性が上がるだけでなく、部屋まで片づくというオマケがついてくる。しかも片づいたところから、人生の次のステージが見えてくるのである。

じつは、みなさんの頭の中にも理系的な技法はあるはずだ。ときには、いままで使っていた方法が理に適《かな》っていることに気づき、勇気づけられるかもしれない。すでにみなさんが実行しているテクニックのかなりの部分は、きわめて理系的なアタマから生み出されたものだったのである。

本書が読者のみなさんにとって、明るいゴールに向かって歩みだす一助になることを、心より願う。

最後になりましたが、葛西由香さんと林加愛さんは「新型コロナ時代を生き延びる科学的なビジネス書を世に出す」コンセプトに沿って、すばらしい仕事をしてくださいました。心からお礼を申し上げます。

二〇二一年三月

京都大学特任教授として新プロジェクトを始動する研究室にて　鎌田浩毅

ひと言法	長い企画も「ひと言でいえばこうです」とまとめられるようにしよう。	7-2(276、280)、8-2(308)
不完全法	いつもの完璧主義さえ捨てれば、仕事はスイスイ、気分は爽快。	1-1(30)、9-1(330)、9-3(349)
目的優先法	自分の最優先事項をはっきり意識したら、それ以外には無頓着でよい。	3-1(103)、3-2(119、120)、5-2(208)、5-3(225)
要素分解法	大きな課題も、小さく分割してみれば、着実に早く解決する。	2-2(81)、5-1(183、204)、7-3(284)、9-1(336)
呼び水法	いますぐできることを呼び水として、仕事をスタートさせてみよう。	7-3(290、291)
ラベル法	何はさておき、名前を与えて区分してから、仕事を始めよう。	1-1(26、30)、4-1(160、162)、4-3(176)、9-2(339)
枠組み法	仕事の前にあらかじめ完成形をイメージし、枠組みを用意してみよう。	1-2(32～35、39)、9-2(341)、9-3(346)
割り算法	最初に持ち時間を割り算し、途中で投げ出さずにすむ時間設定をしよう。	1-3(45、46)、2-3(98)、9-1(330)

本書で取り上げた16のキーワード

（50音順。章-節で示し、カッコ内はページ数を表す）

一望法	手持ちの情報は一目で見渡せるようにセットし、無駄なく瞬間に使おう。	2-1(54、57、74)、3-1(112)、4-2(167)、5-1(183、188)、6-2(250、253)、8-1(304)
落ち穂拾い法	仕事が終わった時点で、使っていないアイデアを拾って次の題材にしよう。	8-1(304)
コピー&ペースト法	「学ぶ」は「まねぶ」。オリジナルな仕事の前には、他人の仕事をまずコピー。	6-1(236、237、239)、6-2(240、251、253)、6-3(256)
三脚法	何でも3つの柱を立てて考えよう。 3つの案なら、瞬時に出てくる。	7-1(268〜271、273)、7-2(274、278)
隙間法	先人たちがした仕事の隙間に、あなたの活躍する場が待っている。	6-3(261、263)、8-3(316、320)、9-1(330)、9-2(343)
棚上げ法	わからないことに出合っても、とりあえず先へ進んでみたら道は開ける。	5-1(183、198、200〜204)、6-2(245)、7-1(270)、9-1(330)、9-3(346)
橋渡し法	相手と考えが違うときには、無理に理解せずに、ひとまず橋だけ架けておく。	3-3(144、145)
バッファー法	仕事を円滑に行うには、前もって自由になる遊び時間と空間を用意する。	2-3(90)

わ

事項さくいん

あ

か

さ

た

な

は

ま

ら

さくいん

人名さくいん

著者紹介
鎌田浩毅（かまた　ひろき）
1955年、東京都生まれ。東京大学理学部地学科卒業。通商産業省（現・経済産業省）地質調査所主任研究官、京都大学大学院人間・環境学研究科教授を経て2021年より京都大学レジリエンス実践ユニット特任教授・京都大学名誉教授。理学博士。専門は地球科学・火山学・科学コミュニケーション。京大の講義は毎年数百人を集める人気で教養科目1位の評価。「世界一受けたい授業」「情熱大陸」などに出演し、テレビ・ラジオ・雑誌・書籍で科学を明快に解説する「科学の伝道師」。モットーは「面白くて役に立つ教授」。
著書（科学）に、『首都直下地震と南海トラフ』（MdN新書）、『富士山噴火と南海トラフ』『地学ノススメ』（以上、ブルーバックス）、『やりなおし高校地学』『京大人気講義 生き抜くための地震学』（以上、ちくま新書）、『地球の歴史』『マグマの地球科学』（以上、中公新書）、『火山噴火』（岩波新書）、『地球は火山がつくった』（岩波ジュニア新書）、『地学のツボ』（ちくまプリマー新書）、『西日本大震災に備えよ』（PHP新書）、『火山はすごい』（PHP文庫）がある。
著書（ビジネス）に、『新版 一生モノの勉強法』『座右の古典』（以上、ちくま文庫）、『理科系の読書術』（中公新書）、『理学博士の本棚』（角川新書）、『読まずにすませる読書術』（SB新書）、『成功術 時間の戦略』『世界がわかる理系の名著』（以上、文春新書）、『一生モノの英語勉強法』『一生モノの英語練習帳』『一生モノの受験活用術』（以上、祥伝社新書）、『京大理系教授の伝える技術』（PHP新書）、『一生モノの時間術』『一生モノの人脈術』『知的生産な生き方』（以上、東洋経済新報社）、『一生モノの超・自己啓発』（朝日新聞出版）、『使える！作家の名文方程式』（PHP文庫）、共著に、『山極寿一×鎌田浩毅 ゴリラと学ぶ』『野田秀樹×鎌田浩毅 劇空間を生きる』（以上、ミネルヴァ書房）、『中学受験理科の王道』（PHPサイエンス・ワールド新書）などがある。
＜ホームページ＞http://www.gaia.h.kyoto-u.ac.jp/~kamata/

本文イラスト――笹森 識
扉写真――著者
編集協力――月岡廣吉郎

＊この作品は、2006年5月にPHP研究所より刊行された『ラクして成果が上がる理系的仕事術』を改題し、大幅に加筆したものである。

PHP文庫
ラクしてゴールへ！
理系的アタマの使い方

2021年4月15日　第1版第1刷

著者　鎌田浩毅
発行者　後藤淳一
発行所　株式会社ＰＨＰ研究所
東京本部　〒135-8137 江東区豊洲5-6-52
PHP文庫出版部　☎03-3520-9617（編集）
普及部　☎03-3520-9630（販売）
京都本部　〒601-8411 京都市南区西九条北ノ内町11
PHP INTERFACE　https://www.php.co.jp/
組版　月岡廣吉郎
印刷所
製本所　図書印刷株式会社

ISBN978-4-569-90096-4

PHP文庫

最強の教訓！世界史

神野正史 著

決して「戦略」を見失わず、ドイツ統一を達成したビスマルク。片や連戦連勝なれど戦略を見失い失敗した上杉謙信――偉人の叡智に学ぶ。